# MUSSET

━━━

# Lorenzaccio

●

par Florence Naugrette

GF Flammarion

© Flammarion, Paris, 1999, pour la présente édition
ISBN : 2-08-071026-0

# SOMMAIRE

———

## Lorenzaccio

6

# CHRONOLOGIE

| | REPÈRES HISTORIQUES ET CULTURELS | VIE ET ŒUVRES DE MUSSET |
|---|---|---|
| 1802 | Chateaubriand, René, Génie du christianisme. | |
| 1804 | Premier Empire. | |
| 1805 | Victoire de Napoléon à Austerlitz. | |
| 1808 | A.W. Schlegel, Cours de littérature dramatique. | |
| 1809 | Benjamin Constant adapte Wallenstein de Schiller, précédé d'une importante préface. | |
| 1810 | Code pénal. Germaine de Staël, De l'Allemagne. | Naissance le 11 décembre à Paris d'Alfred de Musset, fils de Victor-Donatien de Musset-Pathay et d'Edmée Guyot-Desherbiers. |
| 1812 | Campagne de Russie. Byron, Childe Harold. | |
| 1814 | Déchéance de Napoléon et abdication. Première Restauration : avènement de Louis XVIII. | |

| 1815 | Les Cent-Jours. Waterloo. Seconde Restauration : retour de Louis XVIII, frère de Louis XVI. Béranger, *Premières chansons*. | |
| 1816 | Constant, *Adolphe*. | |
| 1817 | Mort de Madame de Staël. Publication posthume de ses *Considérations sur la Révolution française*. | |
| 1819 | Géricault, *Le Radeau de la Méduse*. | Musset entre en 6ᵉ au collège Henri IV, où il sera un brillant élève. |
| 1820 | Assassinat du duc de Berry. Lamartine, *Méditations poétiques*. Walter Scott, *Ivanhoé*. | |
| 1821 | Mort de Napoléon. Nouvelle traduction des *Œuvres complètes* de Shakespeare par Le Tourneur, préfacée par Guizot (*Vie de Shakespeare*). Première tournée des comédiens anglais. | Premier prix de version latine. |
| 1822 | Hugo, *Odes*. Heine, *Poésies*. | |

# CHRONOLOGIE

| | REPÈRES HISTORIQUES ET CULTURELS | VIE ET ŒUVRES DE MUSSET |
|---|---|---|
| 1823 | Frédérick Lemaître triomphe dans *L'Auberge des Adrets*. Stendhal, premier *Racine et Shakespeare*. | |
| 1824 | Mort de Louis XVIII. Avènement de Charles X, son frère. Mort de Byron en Grèce. Delacroix, *Les Massacres de Scio*. | Premier poème : *À ma mère*. |
| 1825 | Mérimée, *Théâtre de Clara Gazul*. Stendhal, second *Racine et Shakespeare*. | |
| 1826 | Vigny, *Cinq-Mars*. Vitet, *Les Barricades*. | |
| 1827 | Succès des libéraux aux élections. Deuxième tournée, triomphale, des acteurs anglais. Hugo, *Cromwell* et sa préface. Traduction du *Faust* de Goethe par Nerval. | Premier prix de philosophie. Confie à son ami Paul Foucher, beau-frère de Hugo : « Je voudrais être Shakespeare ou Schiller : je ne fais donc rien. » Début de ses études de droit, puis de médecine, bientôt abandonnées. |

| 1828 | Berlioz, *La Symphonie fantastique.*<br>Hugo, *Les Orientales.*<br>Mérimée, *La Jacquerie.* | Commence à fréquenter les milieux littéraires parisiens : le salon de l'Arsenal, chez Nodier, le Cénacle, chez Hugo. Ami avec Sainte-Beuve, Mérimée, Vigny, Delacroix.<br>*L'Anglais mangeur d'opium,* d'après Thomas De Quincey. |
| --- | --- | --- |
| 1829 | Balzac, *Les Chouans* (premier volume de *La Comédie Humaine*).<br>Vigny, *Lettre à Lord ***.*<br>Dumas, *Henri III et sa cour.*<br>Hugo, *Marion de Lorme* : représentations interdites par la censure. | Assiste à la lecture d'*Un duel sous Richelieu* (*Marion de Lorme*) par Hugo.<br>Musset lit ses vers à l'Arsenal.<br>*Contes d'Espagne et d'Italie* (datés de 1830). *Les Marrons du feu.* |
| 1830 | Révolution de Juillet (Les Trois Glorieuses : 27, 28 et 29 juillet).<br>Avènement de Louis-Philippe. Monarchie de Juillet.<br>Hugo, *Hernani* (bataille).<br>Stendhal, *Le Rouge et le Noir.*<br>Berlioz, *Symphonie fantastique.* | La famille Musset voit d'un bon œil la révolution de Juillet.<br>*La Quittance du diable.*<br>*Les Vœux stériles.*<br>Échec à l'Odéon de *La Nuit vénitienne ou les Noces de Laurette.* Musset renonce à écrire pour la scène. |

| REPÈRES HISTORIQUES ET CULTURELS | VIE ET ŒUVRES DE MUSSET |
|---|---|
| **1831** Révolte des canuts à Lyon. Sac de l'archevêché. Italie : émeutes contre le pape. Dumas, *Richard Darlington.* Delacroix, *La Liberté guidant le peuple.* | Publication dans *Le Temps* des *Revues fantastiques* et de critiques théâtrales. |
| **1832** Émeutes à Paris, suite à l'enterrement du général républicain Lamarque. Encyclique *Mirari vos* contre le catholicisme libéral. Mort de Goethe. Hugo, *Le Roi s'amuse* (interdit). Casimir Delavigne, *Louis XI.* | Mort du père. Musset se brouille avec Hugo. *Un spectacle dans un fauteuil I* (poésie) comprend *La coupe et les lèvres, A quoi rêvent les jeunes filles, Namouna.* |
| **1833** Victor Hugo, *Lucrèce Borgia, Marie Tudor.* | Début de sa collaboration à la *Revue des Deux Mondes*, pour l'éditeur Buloz, qui le prend dans son « écurie » et grâce à qui il rencontre George Sand lors d'un dîner. Ils deviennent amants à la fin de l'été. Séjour à Fontainebleau. Crise hallucinatoire. Écrit *Lorenzaccio* à l'automne. *Un mot sur l'art moderne.* Part à Venise en décembre avec George Sand. |

C H R O N O L O G I E

| | | |
|---|---|---|
| **1834** | Loi sur les associations. Émeutes à Paris, Lyon, Marseille, Grenoble, Saint-Étienne. Massacre de la rue Transnonain. Lamennais, *Paroles d'un croyant*. | Tombe malade à Venise. Découvre que George Sand le trompe avec son médecin, Pagello. Rupture. Revient seul à Paris. *Un Spectacle dans un fauteuil II (prose) : Lorenzaccio, Les Caprices de Marianne (t. 1) ; André del Sarto, Fantasio, On ne badine pas avec l'amour; La Nuit vénitienne, (t. 2).* Renoue avec George Sand. Nouvelle rupture. |
| **1835** | Attentat de Fieschi contre Louis-Philippe. Lois de septembre (répression contre le parti républicain). Hugo, *Les Chants du Crépuscule*. Tocqueville, *De la démocratie en Amérique*. Vigny, *Chatterton*. | Reprise de la liaison avec George Sand. Rupture définitive. *La Nuit de mai. La Quenouille de Barberine.* Liaison avec Mme Jaubert, épouse d'un magistrat. *Le Chandelier. La Nuit de décembre.* |
| **1836** | | *La Confession d'un enfant du siècle. Lettre à M. de Lamartine. Il ne faut jurer de rien. La Nuit d'août. Lettres de Dupuis et Cotonet.* Stances *À la Malibran*. |
| **1837** | Balzac, début des *Illusions perdues*. | Liaison avec une cousine de Mme Jaubert, future épouse de Paul de Musset, son frère. *Un caprice. Emmeline. La Nuit d'octobre. Les Deux maîtresses.* |

| CHRONOLOGIE | REPÈRES HISTORIQUES ET CULTURELS | VIE ET ŒUVRES DE MUSSET |
|---|---|---|
| 1838 | Hugo, *Ruy Blas*. | *Frédéric et Bernerette. L'Espoir en Dieu. Le Fils du Titien. Dupont et Durand. Margot.* Nommé conservateur à la bibliothèque du ministère de l'Intérieur. Articles à la gloire de Rachel, qui fait ses débuts à la Comédie-Française où elle renouvelle la tragédie. |
| 1839 | Stendhal, *La Chartreuse de Parme*. Nerval, *Léo Burckart*. | *Croisille.* Liaison avec Rachel. Rupture. Crise de dépression. |
| 1840 | Proudhon, *Qu'est-ce que la propriété ?* | Tombe malade. Première édition des *Poésies complètes* et des *Comédies et proverbes. Une soirée perdue.* |
| 1841 | | *Souvenir.* Emprisonné une journée pour s'être dérobé à son service de la Garde nationale. *Le Rhin allemand*, réponse au *Rheinlied* de l'Allemand Nicolas Becker. |

| 1842 | Sue, *Les Mystères de Paris*. | Courtise en vain la princesse Belgiojoso. *Sur la paresse* ; *Histoire d'un merle blanc*. *Après une lecture*. |
| 1843 | Hugo, *Les Burgraves*. Ponsard, *Lucrèce*. | Musset tombe de nouveau malade, suite à son alcoolisme. Se réconcilie avec Hugo et Rachel. Emprisonné quinze jours à la prison de la Garde nationale. |
| 1844 | Dumas, *Les Trois Mousquetaires*. | Pleurésie. *Pierre et Camille*. *Le Secret de Javotte*. *Les Frères Van Buck*. |
| 1845 | Dumas, *Vingt ans après*. | Légion d'Honneur. Fluxion de poitrine. *Il faut qu'une porte soit ouverte ou fermée*. *Mimi Pinson*. |
| 1846 | George Sand, *La Mare au diable*. | Mariage de sa sœur Hermine. |
| 1847 | | Première d'*Un caprice*, à la Comédie-Française : succès. |

| | REPÈRES HISTORIQUES ET CULTURELS | VIE ET ŒUVRES DE MUSSET |
|---|---|---|
| 1848 | Révolution de février. Journées de juin. Deuxième République (élection de Louis-Napoléon Bonaparte). Abolition de l'esclavage. Mort de Chateaubriand. *Mémoires d'Outre-tombe*. Marx et Engels, *Manifeste du Parti communiste*. Dumas fils, *La Dame aux camélias*. | Perd son poste de bibliothécaire. Protestations dans la presse, notamment d'Alexandre Dumas. Création d'*Il faut qu'une porte soit ouverte ou fermée* au Théâtre de la République (ancienne Comédie-Française), et du *Chandelier* au Théâtre Historique. Prix Maillé, décerné par l'Académie française à un jeune écrivain ou artiste pauvre au talent prometteur. Il prend cette récompense pour un affront. Création d'*André del Sarto* à la Comédie-Française (échec). |
| 1849 | Les chefs républicains des journées de Juin sont condamnés. Expédition contre la république romaine. Loi répressive sur la presse. George Sand, *La Petite Fadette*. | Création de *Louison* et *On ne saurait penser à tout*. |
| 1850 | La loi Falloux donne au clergé la main-mise sur l'enseignement primaire. Loi électorale excluant les pauvres et les marginaux. Mort de Balzac. | Publication du recueil des *Poésies nouvelles. Carmosine*. |

| | | |
|---|---|---|
| 1851 | Coup d'État du 2 décembre. | *Les Caprices de Marianne* sont créés à la Comédie-Française. *Bettine*, au Gymnase. |
| 1852 | Proclamation du Second Empire. Labiche, *Un chapeau de paille d'Italie*. Verdi, *Rigoletto*. | Élection à l'Académie française, après deux échecs. Liaison avec Louise Colet (maîtresse de Flaubert). |
| 1853 | Hugo, *Châtiments*. | Nommé bibliothécaire au ministère de l'Instruction publique. Nouvelle édition des *Comédies et Proverbes* (la scène de révolte estudiantine de *Lorenzaccio* [V, 6] est supprimée). |
| 1854 | Nerval, *Les Filles du feu*, *Les Chimères*. | Arrête d'écrire, continue de boire. |
| 1855 | Nerval, *Aurélia*. | |
| 1856 | Flaubert, *Madame Bovary* (1re édition). Hugo, *Les Contemplations*. | |
| 1857 | Baudelaire, *Les Fleurs du mal*. Procès des *Fleurs du mal* et de *Madame Bovary*. | Meurt le 2 mai. Une trentaine de personnes suivent son cercueil au Père-Lachaise. |
| 1858 | | Publication de *L'Âne et le ruisseau*. |

# CHRONOLOGIE

| | REPÈRES HISTORIQUES ET CULTURELS | VIE ET ŒUVRES DE MUSSET |
|---|---|---|
| 1859 | Loi d'amnistie autorisant le retour des proscrits. Début de l'Empire libéral. George Sand, *Elle et lui*. Louise Colet, *Lui*. | |
| 1861 | | Création de *On ne badine pas avec l'amour*, à la Comédie-Française. |
| 1865 | | Création de *Fantasio* à la Comédie-Française. |
| 1870 | Défaite de Sedan. Chute de l'Empire. Proclamation de la République. | |
| 1877 | Paul de Musset, *Biographie d'Alfred de Musset*. | |
| 1896 | | Création au théâtre de la Renaissance de *Lorenzaccio*, dans une adaptation d'Armand d'Artois, avec Sarah Bernhardt dans le rôle-titre. |

$$\boxed{Pr\acute{e}sentation}$$

Lorenzaccio est un objet rare dans l'histoire du théâtre : une de ces pièces inconnues de leur époque, car proprement injouables au temps de leur écriture, mais que la postérité transforme en chefs-d'œuvre.

Écrit en 1833, publié l'année suivante dans le volume *Un spectacle dans un fauteuil*, dont le titre indique suffisamment qu'il fut initialement composé pour être lu, le drame fut créé en 1896 par la grande Sarah Bernhardt, dans une adaptation extrêmement édulcorée ; après quelques autres tentatives, il toucha le grand public dans la version mémorable de Gérard Philipe, au TNP, en 1952. Depuis, son succès est continu, la richesse et la complexité de l'intrigue, du cadre, des personnages, et surtout du héros éponyme invitant les metteurs en scène à renouveler constamment l'interprétation de cette œuvre foisonnante [1].

## NAISSANCES D'UN CHEF-D'ŒUVRE

### LE CADEAU DE GEORGE SAND :
### DE LA SCÈNE HISTORIQUE AU DRAME

L'ambition du drame romantique, après les grands bouleversements de la Révolution et de l'Empire, est de rendre compte des changements historiques, d'interroger le rapport du peuple au pouvoir, la responsabilité et la légitimité des puissants, d'éclairer le présent en mettant en perspective le passé.

Avant que Hugo et Dumas imposent, dans les années 1830, leurs drames historiques sur les scènes officielles et les théâtres des boulevards, les libéraux

---

1. Voir le chapitre 5 du dossier « *Lorenzaccio* à la scène ».

avaient développé une forme d'écriture théâtrale ori-
ginale, les « scènes historiques », petits textes dialogués qui n'étaient pas destinés à être représentés mais
qui étaient censés montrer, comme une expérience de
laboratoire, le déroulement d'un événement historique national. Ainsi, Ludovic Vitet, chef de file du
mouvement, influence avec ses *Barricades* (1826) le
jeune Hugo pour son *Cromwell* (1827). L'enjeu de
cette petite forme est nettement politique : les auteurs
montrent le peuple à l'œuvre dans l'histoire, et dres-
sent un tableau satirique du pouvoir royal.

C'est précisément une de ces scènes historiques
qui est à l'origine de *Lorenzaccio* : en 1833, George
Sand, qui vient de rencontrer Musset, offre à son
nouveau compagnon un cadeau inattendu, une scène
historique qu'elle vient d'écrire, *Une conspiration en
1537*. En six tableaux, elle retranscrit sur le mode
dramatique le meurtre du duc Alexandre de Médicis
par son cousin Lorenzo, dont les motivations restent
incertaines : était-ce une vengeance personnelle, un
règlement de comptes politique, un acte de terrorisme désespéré, le coup d'envoi d'une conjuration
républicaine ? L'assassinat réussit, mais ne suffit pas
à ébranler le pouvoir, puisque Côme de Médicis suc-
céda immédiatement à son cousin, transformant ce
qui aurait pu être un événement historique en coup
d'épée dans l'eau. L'histoire avait été racontée sous
forme narrative par Marguerite de Navarre dans son
*Heptaméron* [1] (1559), et par le mémorialiste
Benedetto Varchi, chroniqueur italien du XVIe siècle
dans sa *Storia fiorentina* [2].

---

1. Deuxième journée, nouvelle XII, *in* Marguerite de Navarre,
*Heptaméron*, GF-Flammarion, 1982, p. 131-139.
2. Varchi (1502-1565) écrit l'histoire des Médicis à Florence de 1527 à
1538 sur la demande de Côme ; il peut consulter des archives, interroger
des témoins, dont Lorenzo lui-même. Bien qu'écrit sur une commande
d'un Médicis, le texte n'est pas particulièrement flatteur à leur égard, ni
moralisateur. Il est édité en 1723. Musset, qui l'avait lu dans la version
des *Classici italiani* (Milan, 1804), publie en appendice à *Lorenzaccio* un
fragment du livre XV, suivant ainsi une coutume des auteurs de scènes
historiques, qui faisaient accompagner leur propre texte de ses sources.

À l'automne 1833 [1], Musset s'approprie le texte de George Sand et le transforme fondamentalement, en approfondissant les contradictions du héros, en développant le cadre de la ville de Florence, en mettant en perspective plusieurs niveaux de personnages : au premier plan Lorenzo et le duc, au deuxième plan les autres intrigues visant le duc (manœuvres du cardinal pour le diriger en sous-main, liaison adultère de la marquise Cibo en *passionaria*, conspiration avortée des grands seigneurs républicains, particulièrement de la famille Strozzi), au troisième plan la ville de Florence, avec son peuple animé d'artistes, de soldats, de bourgeois, de marchands, d'étudiants.

## LES SOURCES ÉTRANGÈRES DE *LORENZACCIO*

Musset relit attentivement la source principale de George Sand, la *Chronique florentine* de Varchi. La plupart des personnages du drame ont existé, mais Musset arrange la vérité historique à sa manière : ainsi, il fait du républicain Philippe Strozzi un père noble, tandis que le personnage historique était un libertin arriviste ; il fait mourir le personnage éponyme juste après le meurtre, alors que le vrai Lorenzo sera assassiné onze ans plus tard ; il fait du petit peintre Tebaldeo un élève

_____

1. Les deux jeunes gens se rencontrent en juin lors d'un dîner organisé par leur employeur commun, Buloz, directeur de la *Revue des Deux Mondes*, et par son associé ; Musset envoie à George Sand son poème « Après une lecture d'*Indiana* » ; elle lui répond aussitôt ; ils deviennent amants un mois plus tard. Musset écrit *Lorenzaccio* pendant l'automne ; ils partent pour l'Italie le 12 décembre. En février 1834, à Venise, Musset tombe malade ; Sand le soigne avec dévouement, mais finit par le tromper avec le docteur Pagello ; ils se séparent, et Musset rentre seul à Paris en avril. Ils continuent à entretenir une correspondance passionnée. En août paraît la deuxième livraison (prose après poésie) d'*Un spectacle dans un fauteuil*, qui comprend *Lorenzaccio*, *Les Caprices de Marianne* (t. I), *André del Sarto*, *Fantasio*, *On ne badine pas avec l'amour*, *La Nuit vénitienne* (t. II). La liaison avec George Sand reprend à l'automne. Ils rompent définitivement en mars 1835, moins de deux ans après leur première rencontre.

de Raphaël, tandis que le grand maître est déjà mort depuis dix-sept ans. De nombreux anachronismes, voulus pour la plupart, comme le chocolat que boit Lorenzo, le réséda à la fenêtre de sa tante, la barbe des républicains, les pavés arrachés pour l'émeute, invitent le lecteur de 1834 à rapprocher la situation historique de Florence en 1537 de sa situation contemporaine. Ce sont ces mêmes décrochages qui permettent à l'œuvre de s'offrir aujourd'hui à des interprétations toujours nouvelles.

Musset s'inspire également pour écrire son drame de certains passages de *La Conspiration des Pazzi* (1789), drame italien d'Alfieri retraçant la conspiration manquée d'une grande famille florentine en 1478 contre Laurent le Magnifique, ainsi que des mémoires du célèbre orfèvre et sculpteur florentin Benvenuto Cellini, tout juste traduits en français et très en vogue auprès des romantiques : ils éveillent chez eux des échos immédiats, parce qu'ils témoignent des démêlés de l'artiste avec le pouvoir, leur auteur ayant été à la fois un praticien, un esthète et un homme d'action [1]. Musset écrivit d'ailleurs pour *Lorenzaccio* une scène où devait figurer Cellini, mais elles ne fut pas maintenue.

Dans sa préface à *Un spectacle dans un fauteuil*, Musset reconnaît bien volontiers s'être inspiré de modèles divers ; l'imitation est pour lui non pas vil plagiat mais bonne école. C'est d'ailleurs tout le drame romantique français qui est redevable de modèles étrangers [2]. Madame de Staël et Benjamin Constant, dès le début du siècle, la première dans *De l'Allemagne* (1810), le second dans sa préface de *Wallenstein* (1809), ont sensibilisé les écrivains français aux beautés des drames allemands.

---

1. Voir le chapitre 3 du dossier, « L'artiste et l'homme d'action ».
2. Voir le chapitre 4 du dossier, « Musset et le drame romantique ».

*Lorenzaccio* doit ainsi beaucoup au *Götz von Berlichingen* [1] du jeune Goethe, paru à titre posthume en 1832, et que Musset venait de lire avec George Sand. Par sa structure profuse et exubérante – 22 lieux différents, et 56 scènes, parfois très courtes et sans lien dramatique, dans sa première version de 1771 –, la pièce de Goethe est une véritable provocation aux règles classiques. L'éclatement shakespearien de l'espace-temps qui la caractérise en interdit, de la même manière que pour *Lorenzaccio*, toute représentation sur une scène de l'époque. Et le héros de Goethe, « chevalier à la fois brigand, aventurier, humain et généreux », tout comme Lorenzo, « ne peut être un modèle à suivre, mais bien plutôt un catalyseur de symptômes [2] ».

Avant Musset, les contemporains de Goethe ont été fortement impressionnés par *Götz*. Schiller en particulier s'en inspire, autant que de Shakespeare, pour ses drames historiques de jeunesse, auxquels Musset doit beaucoup à son tour. Ces drames de jeunesse mettent en scène de jeunes héros impétueux et contestataires, mais souvent utopistes, qui finissent criminels, assassinés, incompris ou marginalisés. Dans *La Conjuration de Fiesque* (1782), Schiller retrace la révolte des républicains génois en 1547, menée par le comte Jean-Louis de Fiesque, contre la tyrannie du doge Andreas Doria. Le couple antithétique formé par Fiesque, ardent révolutionnaire, mais aussi séducteur peu scrupuleux, victime au bout du compte de son ambition personnelle, et par le noble Verrina, idéaliste, préoccupé par le bien de la cité mais inca-

---

1. Dans un état en pleine mutation centralisatrice, le chevalier Götz, nostalgique de l'unité du peuple et des grands dans le cadre restreint de sa région, dirige une rébellion paysanne contre la collusion entre la Cour et les marchands ; sa démarche échoue à cause de son idéalisme qui le rend aveugle aux conflits de classe, et parce qu'il n'a pas de solution politique crédible à proposer en échange de l'ordre qu'il combat.
2. Philippe Forget, *Nouvelle Histoire de la littérature allemande*, t. II, Armand Colin, 1998, p. 108.

pable d'agir sans Fiesque, donnera naissance chez Musset au couple Philippe-Lorenzo. Quant à la lutte fratricide entre les deux Médicis, Alexandre, le bâtard de la branche aînée, et Lorenzo, le fils légitime de la branche cadette, on peut y lire une réminiscence des *Brigands* (1781), où Schiller met en scène deux frères ennemis, Franz Moor, le cadet qui cherche à détrôner Karl, le fils aîné aimé du père.

Par-delà les Allemands enfin, c'est bien sûr avec le théâtre élisabéthain que renoue Musset dans son drame, tant par la thématique du coup d'État, de la lutte entre des branches dynastiques rivales, que par la forme éclatée des lieux et du temps.

Véritable palimpseste donc que *Lorenzaccio*, témoin passé d'une époque à l'autre, d'un côté de la Manche, des Alpes, du Rhin à l'autre, cadeau d'amour donnant naissance à un chef-d'œuvre.

## LA GÉNÉRATION DE 1830 ET LA QUESTION DU POUVOIR

Le drame historique romantique a moins pour but de restituer une époque révolue, un événement glorieux ou sanglant du passé, que de mettre en perspective le passé pour mieux comprendre le présent [1]. La période de la Renaissance finissante en Italie intéresse vivement les romantiques, qui y projettent des problématiques contemporaines. Musset a ainsi déjà situé son drame *André del Sarto* en Italie, dans ces années 1530 où de grands créateurs disparaissent et où l'art italien se perçoit en décadence, en rupture avec son public, en crise dans son rapport au pouvoir. La même inquiétude habite les artistes contemporains de Musset,

---

1. La démarche n'est pas radicalement nouvelle. La tragédie classique utilise elle aussi l'histoire antique pour penser l'histoire contemporaine. C'est ainsi qu'on peut lire *Britannicus,* représenté en 1669, comme une parabole de la « prise du pouvoir » par Louis XIV en 1661.

contraints de se redéfinir dans une société où l'art devient marchandise.

## FLORENCE EN 1537

Le cadre politique offre lui aussi des similitudes. L'époque est troublée par l'alternance rapide de régimes – républicain ou ducal – et par la résistance nationaliste à l'empire de Charles Quint. En 1527, les Florentins expulsent les Médicis et rétablissent la constitution républicaine. Mais en 1530 le pape Clément VII (Jules de Médicis [1]), avec l'appui de Charles Quint nouvellement élu empereur [2], impose Alexandre de Médicis comme duc de Florence. Alexandre est officiellement fils de Laurent II, lui-même fils de Pierre II, cousin germain de Jules ; mais on murmure qu'il serait le propre fils du pape Clément VII et d'une servante maure. Les grandes familles républicaines, chassées du pouvoir, acceptent mal la domination impériale, que rend particulièrement visible l'occupation de la ville par les troupes allemandes. Lorenzo de Médicis assassine son cousin Alexandre dans l'espoir que les républicains sauront profiter du tyrannicide. Mais son geste reste lettre morte, puisque c'est un autre Médicis, Côme Ier, qui monte sur le trône.

## LA SITUATION POLITIQUE EN FRANCE EN 1834

Le drame de Musset rappelle aux contemporains les interrogations sur la meilleure forme de régime politique, que les récents bouleversements d'une Histoire qui s'accélère ont rendues vertigineuses : la récupération et la transformation musclée de l'héritage révolutionnaire par l'Empire de Napoléon Ier ; la Restauration des Bourbons chassés du pouvoir de manière violente, en 1792, et rétablis

---

1. Pape de 1523 à 1534.
2. Quatre ans avant Musset, Hugo avait fait de cette élection le cadre historique de son drame *Hernani*.

sur le trône en 1814 – Louis XVIII et Charles X sont frères de Louis XVI ; l'échec relatif de la révolution de juillet 1830, menée par les républicains mais récupérée par les orléanistes, qui installent sur le trône un nouveau roi, Louis-Philippe.

Après la révolution de juillet, où le peuple s'est imposé comme force politique majeure, une certaine euphorie rapproche ouvriers et bourgeois dans les clubs où se diffusent rapidement des idéologies sociales déjà apparues avant la révolution, comme le saint-simonisme ou le catholicisme libéral (par les voix de Lamennais, Montalembert, Lacordaire), qui prône la réconciliation de l'Église et de la révolution. Mais, dès octobre 1830, ces aspirations se transforment en désillusions ; le nouveau régime est de nature équivoque, qui installe à la tête du gouvernement, en la personne de Casimir Perier, le parti de la résistance aux réformes politiques. Son « système du 13 mars » consiste à accorder prudemment le nécessaire, afin « que la sécurité et la tranquillité renaissent ». La loi du 22 mars ouvre la Garde nationale à tous ceux qui paient l'impôt : fiers de leur nouvel uniforme, ils aident le redoutable Gisquet, préfet de police de Paris, à rétablir l'ordre dans la rue lors des émeutes républicaines sporadiques qui ponctuent les premières années de la monarchie de Juillet. La plus spectaculaire d'entre elles reste celle des canuts lyonnais (20-22 novembre 1831) : le désaveu par le gouvernement du préfet du Rhône qui avait favorisé et couvert un accord entre les industriels de la soie et les ouvriers provoque la révolte de ces derniers qui, en peu de temps se rendent maîtres de Lyon ; l'armée dirigée par le général Soult réprime violemment l'insurrection. Dès lors, le parti de la résistance aux réformes politiques devient aussi celui de la réaction sociale.

L'école saint-simonienne, minée par des luttes internes, discréditée par les caricaturistes, se disloque. Quant aux catholiques libéraux, Lamennais, Lacordaire et Montalembert, partis pour Rome en

« pélerins de Dieu et de la liberté », ils sont rejetés par le pape Grégoire XVI qui combat les révolutionnaires en Romagne ; il condamne leurs idées dans l'encyclique *Mirari vos* (août 1832).

Le parti républicain relève alors la tête, grâce à la création de plusieurs sociétés, comme la « Société des Amis du Peuple », qui évoluent vers une opposition ouverte à la monarchie. Le choléra, qui touche surtout les pauvres, fait dramatiquement apparaître les inégalités sociales. Les 5 et 6 juin 1832, à l'occasion des funérailles du général Lamarque, une insurrection [1] éclate à Paris, dans laquelle s'allient bourgeois républicains et ouvriers ; elle est réprimée par la Garde nationale. La même année encore, la duchesse de Berry tente de soulever les paysans provençaux et vendéens pour rétablir les Bourbons sur le trône. Elle échoue et la monarchie orléaniste en sort renforcée.

Les ouvriers prennent conscience de la nécessité de l'union : ils savent, depuis l'insurrection des canuts lyonnais, qu'il y a peu à attendre du gouvernement. Dans les derniers mois de 1832 se créent des sociétés de résistance, ayant pour but d'exiger des patrons des augmentations de salaire et, en cas d'échec, de soutenir les grévistes. En 1833 apparaissent les premières coopératives ouvrières de production ; des grèves éclatent dans presque tous les corps de métier. La Société des Droits de l'Homme et du Citoyen, où s'entraident jeunes bourgeois et ouvriers, et qui demande le suffrage universel, l'organisation du crédit par l'État, l'émancipation de la classe ouvrière, inquiètent le pouvoir qui cherche à interdire en 1834 un certain nombre d'associations. La SDH résiste, et c'est l'épreuve de force : la révolte part de Lyon, elle est réprimée dans le sang par Thiers, et s'étend à Paris, où elle est

---

1. Cette insurrection sert de cadre à la quatrième partie des *Misérables*, « L'idylle rue Plumet et l'épopée rue Saint-Denis ». Marius a pour amis de jeunes militants d'une société secrète, l'ABC (l'abaissé, c'est le peuple).

matée par Bugeaud. Le 14 avril, les soldats égorgent tous les habitants d'une maison, située rue Transnonain, d'où étaient partis des coups de feu. Paris, terrorisé, ne bouge plus. Après l'attentat de Fieschi contre le roi, les lois de septembre 1835 stipulent que toute atteinte – même minime – contre l'autorité du gouvernement ou du roi sera impitoyablement réprimée : dans les faits, on n'a plus le droit d'être républicain.

### UNE DOUBLE LECTURE DE *LORENZACCIO* : TENTATIONS ET PIÈGES

*Lorenzaccio* est écrit à l'automne 1833 dans cette période de grande agitation politique et sociale ; la censure des théâtres est forte, Hugo en a fait l'expérience malheureuse avec l'interdiction de *Marion de Lorme*, en 1829, et du *Roi s'amuse*, en 1832, ce qui l'a convaincu de ne plus parler directement de la monarchie française, même ancienne, mais de situer l'action de ses drames suivants à l'étranger. C'est aussi ce que fait Musset avec *Lorenzaccio*. Les liens entre la situation politique et sociale de la monarchie de Juillet et l'histoire de Florence en 1537 sont très apparents, même si les réalités historiques sont fondamentalement différentes.

L'amalgame le plus criant est celui qu'on risque de faire entre les républicains florentins, grandes familles rêvant de retrouver leurs privilèges perdus, et les républicains de 1830. D'autres problématiques contemporaines – que Musset songe aux dernières années des Bourbons ou aux débuts de la monarchie de Juillet [1] – sont transposées dans l'Italie de la Renaissance : la situation des marchands, qui regardent avec des sentiments mêlés la Cour se divertir (I, 2) ; les risques de collusion entre le trône et l'autel, incarnés par le cardinal

---

1. Ce flottement dans la référence à la Restauration ou à la Monarchie de Juillet est aussi à l'œuvre dans la *Confession d'un enfant du siècle*.

Cibo ; l'agitation des étudiants qui réclament des élections, montrée dans une scène que Musset supprime pour l'édition de 1853 (V, 6) ; le désarroi des artistes, égarés entre leur soif d'idéal et la conscience de la nécessité d'agir (cette contradiction est figurée par le couple Tebaldeo-Lorenzo [1]) et, plus généralement, le découragement ou la révolte de la jeunesse, toutes classes sociales confondues, face à un personnel politique vieillissant.

## LE TRESSAGE DE TROIS INTRIGUES

Tous les personnages prennent place dans l'intrigue en fonction de leurs rapports respectifs à la chose publique. Cette dernière est au centre des préoccupations et des actions de tous ; elle est représentée métonymiquement par le duc, à la tête de l'État, et qui précisément l'incarne de la manière la plus décourageante qui soit, ne se souciant à aucun moment du bien public. Sa fonction apparaît comme vidée de son sens : uniquement préoccupé de son plaisir personnel, il lui suffit, pour que les affaires tournent, de voir rentrer les impôts. C'est pourquoi il fait taire la marquise quand elle lui parle politique.

Autour du duc, incarnation d'une figure souveraine que la révolution de 1789 a désacralisée, gravitent selon autant de logiques différentes qui commandent un triple entrelacs d'intrigues les autres personnages de la pièce.

### LORENZO

Doué d'une vision extralucide qui lui permet de démasquer les faux-semblants, les masques et les ignominies de la nature humaine, Lorenzo trouve dans l'action terroriste une échappatoire à sa contradiction interne entre idéalisme et cynisme. Son rapport au politique est donc individuel ; certes

---

1. Voir le chapitre 3 du dossier, « L'artiste et l'homme d'action ».

il espère que les républicains récupéreront son acte à leur profit : c'est le sens des conseils qu'il prodigue à Philippe (III, 3) et des annonces faites aux autres grandes familles florentines (IV, 7). Mais à aucun moment il ne songe à rassembler autour de lui une conspiration organisée, et encore moins une révolte populaire. Privé de cet ancrage, son acte ne peut qu'échouer. Pourtant, il n'est pas totalement vain : laissant le champ libre aux intérêts des uns et des autres, il met les républicains en face de leur incurie, et renvoie chacun à ses responsabilités. Comme le montre Walter Moser, « le tyrannicide devient [...] l'écriture violente dont le héros se sert pour dire aux autres l'impuissance et l'inaction qui sont les leurs, ainsi que les siennes propres [1] ».

### Les Strozzi

Parmi les grandes familles républicaines, la plus visible est celle des Strozzi. L'interlocuteur privilégié de Lorenzo est Philippe, figure de père noble minée par son indécision, son incapacité à réagir aux provocations (emprisonnement de ses fils, empoisonnement de sa fille), son refus de rallier l'armée du roi de France, François I$^{er}$, sa faiblesse de père qui ne sait pas réunir ses fils autour de lui, les laissant agir en ordre dispersé. Idéaliste, croyant à la vertu, il est désarmé par la mort de sa fille qui transformerait son action politique en vengeance personnelle. Au bout du compte, le démantèlement de sa famille, la mort de Lorenzo et le couronnement de Côme font s'écrouler tout son système de valeurs.

### Les Cibo

Autre rapport possible au politique : le rôle d'éminence grise, ambitionné par deux personnages de la même famille, le cardinal et la mar-

---

1. Walter Moser, « *Lorenzaccio* : le Carnaval et le Cardinal », *Romantisme*, n° 19, 1978, p. 101.

quise Cibo. Cette dernière, particulièrement exaltée, sacrifie la vertu conjugale pour devenir la maîtresse du duc qu'elle cherche à ramener dans le chemin d'un nationalisme libéral fondé sur la fusion du souverain avec son peuple (III, 6). Ambition parfaitement illusoire : la marquise, renvoyée dans ses foyers par le duc trop tôt lassé de son babil, n'aura plus qu'à retrouver le cocon familial après avoir reçu le pardon de son époux. Son beau-frère, le machiavélique cardinal Cibo, est plus efficace, précisément parce qu'il dissimule ses intérêts sous le masque de son sacerdoce. Faisant et défaisant les princes, il est le grand triomphateur du second dénouement, où Côme I$^{er}$ prête serment devant Dieu et le cardinal lui-même (V, 8).

## LE PEUPLE SPECTATEUR DU CARNAVAL DES GRANDS

Le reste de la société est représenté, mais il n'apparaît jamais en mesure de transformer la chose publique. Le noble Bindo, oncle de Lorenzo et le marchand Venturi, qui s'affirment tous deux comme des républicains, se laissent aisément compromettre (II, 4). Les écoliers, le marchand de soieries et l'orfèvre ne peuvent qu'assister médusés à la sortie de la fête chez les Nasi (I, 2). La courte scène où les étudiants, qui réclament des élections après l'assassinat du duc, sont matés par les forces de l'ordre (V, 6), a été autocensurée par Musset sous le Second Empire. La thématique du carnaval, omniprésente dans la pièce, indique que la politique est dénaturée en spectacle.

Au total, Musset sanctionne à travers sa galerie de personnages trois modes de relation à l'histoire, qui ont été étudiés par Jean-Marie Piemme [1] : d'abord le retrait, incarné de manière très différente par le duc débauché, sans cons-

---

1. Jean-Marie Piemme, « *Lorenzaccio* : impasse d'un idéologie », *Romantisme*, n° 1-2, 1971.

cience politique, d'une part, et Philippe Strozzi, que son idéalisme paralyse, d'autre part ; ensuite la compromission, en la personne du machiavélique Cibo ou de Bindo et Venturi qui finissent par trahir leurs idéaux pour maintenir leurs intérêts ; enfin la participation désespérée de Lorenzo à l'histoire sous la forme d'un tyrannicide, qui lui permet davantage de laisser un nom dans la mémoire des hommes que de changer le cours des choses. Au total, nul héros positif, mais bien plutôt le « germe d'un théâtre critique dans lequel l'erreur du personnage peut devenir la vérité du spectateur », si la mise en scène se donne les moyens d'exhiber ce travail critique [1].

## UNE RÉVOLUTION SCÉNIQUE

### LES CONDITIONS DE REPRÉSENTATION À L'ÉPOQUE ROMANTIQUE

Dans les années où Musset écrit son théâtre, les décors splendides ont pris, suite au développement de l'opéra, une importance considérable ; ils sont bien souvent applaudis pour eux-mêmes durant de longues minutes après le lever du rideau. Dans ces conditions, le maintien de l'unité de lieu classique devient une contrainte matérielle majeure, à laquelle doivent se plier le plus possible les dramaturges même les plus novateurs, comme Hugo, qui trouve une solution de compromis en choisissant un lieu – et donc un décor – par acte.

### MUSSET INVENTEUR DE LA SCÈNE MODERNE

Après l'échec cuisant de *La Nuit vénitienne*, en 1830, Musset renonce pour un temps à être représenté sur les scènes de son époque ; il va s'orienter

---

1. Ce fut notamment le cas de la célèbre mise en scène d'Otomar Krejca : voir le chapitre 5 du dossier, « *Lorenzaccio* à la scène ».

vers une forme d'écriture dramatique largement
libérée des contraintes scénographiques et dramaturgiques de son temps. Il publie ainsi un premier
recueil en vers, *Un spectacle dans un fauteuil I*,
constitué de pièces dont la dimension théâtrale est
très variable. Avec le recueil en prose *Un spectacle
dans un fauteuil II*, où figure *Lorenzaccio*, il invente
une nouvelle forme de théâtre, injouable en 1834 à
cause de son éclatement spatio-temporel, mais qui
renoue d'une certaine façon avec la tradition shakes-
pearienne. L'espace élisabéthain n'est ni totalement
vide ni totalement éclaté ; il permet de montrer en
même temps plusieurs lieux de l'action, et partant,
d'entrelacer les intrigues. Au premier plan, un pros-
cenium (*apron stage*) fournit l'aire de jeu réservée
aux scènes de plein air. Au second plan, une scène en
retrait couverte d'un toit de chaume s'ouvre sur une
arrière-scène que peut clore un rideau. Au-dessus, en
étage, se trouve une autre aire de jeu, dotée de deux
fenêtres sur les côtés ; elle est éventuellement sur-
montée, sur un troisième niveau, d'un espace réservé
aux musiciens ou aux acteurs, et pouvant servir à
figurer des scènes de lointain ou des interventions
extraordinaires. Quelques accessoires ou panon-
ceaux suffisent dans cet agencement pour indiquer
les différents lieux de l'action.

À la fin de la monarchie de Juillet et sous le
Second Empire, Musset adapte son écriture théâtrale à la scène de son époque, qui représente *Un
Caprice, Il faut qu'une porte soit ouverte ou
fermée, Le Chandelier, André del Sarto, Louison,
On ne saurait penser à tout, Les Caprices de
Marianne* et, après sa mort, *On ne badine pas avec
l'amour* et *Fantasio. Lorenzaccio* reste, elle, une
pièce hors normes, fondamentalement novatrice.
L'adaptation d'Armand d'Artois, pour la création
en 1896 [1], est obligée, pour restituer une unité de
lieu par acte, de défigurer la pièce de Musset. C'est
sur la scène quasi vide du palais des Papes, puis du

---

1. Voir le chapitre 5 du dossier, « *Lorenzaccio* à la scène ».

théâtre de Chaillot, que Jean Vilar peut enfin tirer parti de l'invention formelle de Musset : l'éclatement spatio-temporel de l'intrigue demande en effet une scène débarrassée des décors mimétiques mais constituée d'aires de jeu diverses, signalant simplement par indices métonymiques les divers lieux et temps de l'action. C'est sur une telle scène que peut se déployer un véritable théâtre de l'histoire, où l'on peut représenter, dans une quasi-simultanéité, les intrigues de cour, la vie quotidienne et les combats de rues.

## VIOLENCE ET POÉSIE

Détaché des contraintes dramaturgiques immédiates, Musset écrit donc avec *Lorenzaccio* un théâtre virtuellement novateur dans sa forme dramaturgique et scénographique, mais encore et d'abord un texte extrêmement travaillé, destiné en premier lieu à être lu « dans un fauteuil ».

### LES RÉSEAUX MÉTAPHORIQUES

La langue de Musset dans *Lorenzaccio* s'articule autour de grands réseaux métaphoriques. Les scènes courtes, cursives, ou fortement dramatiques, alternent avec de longues tirades lyriques, véritables morceaux de prose poétique, construisant à la fois des réseaux de sens et des unités séparables. Comme le montre Claude Duchet, « tous les personnages parleurs sont comme des paquets de mots instables, d'une cohérence illusoire, retenus, le temps d'un dialogue ou d'une tirade, par la résille des images [1] ». Parmi ces principaux réseaux, on sera particulièrement sensible à la comparaison entre Florence, ville-personnage, et la femme, mère (notamment pour Tebaldeo), épouse ou prostituée. Le motif du carnaval généralisé, quant à lui, cons-

---

1. Claude Duchet, « Une dramaturgie de la parole », *Lorenzaccio*, Cahiers Textuel, 1er trimestre 1991, p. 135.

truit une image dénaturée ou burlesque du pouvoir, tandis qu'un riche bestiaire oppose Lorenzo – qui se fantasme en rejeton d'un fauve – à la rudesse grossière du duc, lequel est comparé à un sanglier ou à un gardien de bœufs. L'image de l'océan informe dans lequel plonge le chercheur d'inconnu structure elle aussi le texte. La métaphore, comme l'a montré Françoise Court-Pérez [1], est dans *Lorenzaccio* le mode commun d'expression de tous les personnages, même des plus grossiers.

## LA PAROLE ET LE SILENCE

Le langage dans *Lorenzaccio* est aussi le sujet même de la fable, examiné dans toutes ses contradictions. Après 1830, les discours fleuris des républicains des tribunes deviennent suspects, la parole risquant, par sa prolifération publique, de s'annuler elle-même. Maffio, la marquise, Philippe Strozzi, Valori, Tebaldeo, croient à une efficacité, à une vertu de la parole ; à l'inverse, pour Alexandre, le cardinal Cibo, Lorenzo, Pierre Strozzi, personnages pragmatiques, il s'agit de maîtriser la parole, de jongler efficacement avec elle, de la faire tourner habilement comme cette toupie envoûtante qu'évoque ironiquement Lorenzo. Dans son étude [2], Claude Duchet montre le contraste entre deux types de discours : la parole lyrique (du vécu intime, du moi idéal, ou de l'illusion humaniste), où les mots gardent quelque trace de leur vertu ancienne, où les images laissent apercevoir l'absolu, même si elles ne sont que des « coups de fièvre » rapidement dévorés par le texte ; la parole bouffonne ou carnavalesque, dans la bouche des fantoches comme le marchand, « beau dévideur de paroles », ou des précepteurs grotesques des petits Strozzi et Salviati, au cinquième acte, qui équivaut aux effets oratoires des banquets patriotiques.

1. Françoise Court-Pérez, « Le langage dans *Lorenzaccio* », *Musset : Lorenzaccio, On ne badine pas avec l'amour*, SEDES, 1990.
2. *Art. cit.*

Le silence même a un rôle dramatique : qu'il indique l'abandon insouciant du duc, le soupçon de Cibo, le découragement de Philippe, l'art de l'esquive chez Lorenzo s'évanouissant à la vue d'une épée ou l'horreur sacrée pendant le meurtre quasi muet du duc, il fait entendre, assourdies et assourdissantes, la séparation et l'opacité des consciences.

# Lorenzaccio

# PERSONNAGES [1]

ALEXANDRE DE MÉDICIS, duc de Florence
LORENZO DE MÉDICIS (Lorenzaccio) ⎫
CÔME DE MÉDICIS                    ⎬ ses cousins
Le cardinal CIBO
Le marquis CIBO, son frère
Sire MAURICE, chancelier des Huit
Le cardinal BACCIO VALORI, commissaire apostolique [2].
JULIEN SALVIATI
PHILIPPE STROZZI
PIERRE STROZZI ⎫
THOMAS STROZZI ⎬ ses fils
LÉON STROZZI, prieur [3] de Capoue
ROBERTO CORSINI, provéditeur [4] de la forteresse
PALLA RUCCELLAÏ ⎫
ALAMANNO SALVIATI ⎬ seigneurs républicains
FRANÇOIS PAZZI
BINDO ALTOVITI, oncle de Lorenzo
VENTURI, bourgeois
TEBALDEO, peintre
SCORONCONCOLO, spadassin [5].
Les Huit [6].
GIOMO le hongrois, écuyer du duc
MAFFIO, bourgeois
Deux dames de la cour et un officier allemand
un orfèvre, un marchand, deux précepteurs et deux enfants, pages,
soldats, moines, courtisans, bannis, écoliers, domestiques, bour-
geois, etc., etc.
MARIE SODERINI, mère de Lorenzo
CATHERINE GINORI, sa tante
La marquise CIBO
LOUISE STROZZI

---

1. Les personnages principaux sont historiques. Musset puise ses sources
dans la *Storia fiorentina* de Varchi, dont s'est elle-même inspirée George
Sand pour écrire *Une conspiration en 1537* (voir la présentation p. 18).
2. *Commissaire apostolique* : envoyé du pape.
3. *Prieur* : responsable administratif chez les chevaliers de l'ordre de
Malte.
4. *Provéditeur* : gouverneur.
5. *Spadassin* : homme d'épée.
6. *Les Huit* : Un des conseils du gouvernement, chargé du pouvoir judi-
ciaire. Il se réunit en tribunal pour les crimes politiques et de droit
commun.

# ACTE PREMIER

## SCÈNE PREMIÈRE

*Un jardin. – Clair de lune ; un pavillon dans le fond, un autre sur le devant.*
*Entrent* LE DUC *et* LORENZO, *couverts de leurs manteaux ;*
GIOMO, *une lanterne à la main.*

### LE DUC

Qu'elle se fasse attendre encore un quart d'heure, et je m'en vais. Il fait un froid de tous les diables.

### LORENZO

Patience, Altesse, patience.

### LE DUC

Elle devait sortir de chez sa mère à minuit ; il est minuit, et elle ne vient pourtant pas.

### LORENZO

Si elle ne vient pas, dites que je suis un sot, et que la vieille mère est une honnête femme.

### LE DUC

Entrailles du pape [1] ! avec tout cela je suis volé d'un millier de ducats [2] !

---

1. Ce juron blasphématoire est d'autant plus piquant qu'on dit le duc fils du pape Clément VII (cousin de son grand-père officiel).
2. *Ducats* : monnaie d'or (1 ducat équivalait à environ 10 francs-or).

LORENZO

10    Nous n'avons avancé que moitié. Je réponds de la petite. Deux grands yeux languissants, cela ne trompe pas. Quoi de plus curieux pour le connaisseur que la débauche à la mamelle ? Voir dans un enfant de quinze ans la rouée [1] à venir ; étudier, ensemencer, infiltrer paternellement le filon mystérieux du vice dans un conseil d'ami, dans une caresse au menton – tout dire et ne rien dire, selon le caractère des parents – habiter doucement l'imagination qui se développe à donner des corps à ses fantômes, à toucher ce qui l'effraye, à mépriser ce qui la protège ! Cela va

20 plus vite qu'on ne pense ; le vrai mérite est de frapper juste. Et quel trésor que celle-ci ! tout ce qui peut faire passer une nuit délicieuse à Votre Altesse ! Tant de pudeur ! Une jeune chatte qui veut bien des confitures, mais qui ne veut pas se salir la patte. Proprette comme une Flamande ! La médiocrité bourgeoise en personne. D'ailleurs, fille de bonnes gens, à qui leur peu de fortune n'a pas permis une éducation solide ; point de fond dans les principes, rien qu'un léger vernis ; mais quel flot violent d'un fleuve magnifique sous cette couche de glace fra-

30 gile qui craque à chaque pas ! Jamais arbuste en fleur n'a promis de fruits plus rares, jamais je n'ai humé dans une atmosphère enfantine plus exquise odeur de courtisanerie [2].

LE DUC

Sacrebleu ! je ne vois pas le signal. Il faut pourtant que j'aille au bal chez Nasi ; c'est aujourd'hui qu'il marie sa fille.

GIOMO

Allons au pavillon, monseigneur. Puisqu'il ne s'agit que d'emporter une fille qui est à moitié payée, nous pouvons bien taper aux carreaux.

---

1. *Rouée* : femme perverse et libertine. Le mot « roué » date du XVIIIᵉ siècle : il désignait sous la Régence les débauchés qu'on estimait dignes du supplice de la roue.
2. *Courtisanerie* : prostitution.

LE DUC

Viens par ici ; le Hongrois a raison.                    40

*Ils s'éloignent. Entre Maffio.*

MAFFIO

Il me semblait dans mon rêve voir ma sœur traverser
notre jardin, tenant une lanterne sourde, et couverte de
pierreries. Je me suis éveillé en sursaut. Dieu sait que ce
n'est qu'une illusion, mais une illusion trop forte pour que
le sommeil ne s'enfuie pas devant elle. Grâce au ciel, les
fenêtres du pavillon où couche la petite sont fermées
comme de coutume ; j'aperçois faiblement la lumière de
sa lampe entre les feuilles de notre vieux figuier. Maintenant mes folles terreurs se dissipent ; les battements préci-   50
pités de mon cœur font place à une douce tranquillité.
Insensé ! mes yeux se remplissent de larmes, comme
si ma pauvre sœur avait couru un véritable danger.
– Qu'entends-je ? Qui remue là entre les branches ? (*La
sœur de Maffio passe dans l'éloignement.*) Suis-je
éveillé ? c'est le fantôme de ma sœur. Il tient une lanterne
sourde, et un collier brillant étincelle sur sa poitrine aux
rayons de la lune. Gabrielle ! Gabrielle ! où vas-tu ?

*Rentrent Giomo et le duc.*

GIOMO

Ce sera le bonhomme de frère pris de somnambulisme.   60
– Lorenzo conduira votre belle au palais par la petite
porte ; et quant à nous, qu'avons-nous à craindre ?

MAFFIO

Qui êtes-vous ? Holà ! arrêtez !

*Il tire son épée.*

GIOMO

Honnête rustre, nous sommes tes amis.

MAFFIO

Où est ma sœur ? que cherchez-vous ici ?

GIOMO

Ta sœur est dénichée [1], brave canaille. Ouvre la grille de ton jardin.

MAFFIO

Tire ton épée et défends-toi, assassin que tu es !

GIOMO *saute sur lui et le désarme*

70    Halte-là ! maître sot, pas si vite.

MAFFIO

Ô honte ! ô excès de misère ! S'il y a des lois à Florence, si quelque justice vit encore sur la terre, par ce qu'il y a de vrai et de sacré au monde, je me jetterai aux pieds du duc, et il vous fera pendre tous les deux.

GIOMO

Aux pieds du duc ?

MAFFIO

Oui, oui, je sais que les gredins de votre espèce égorgent impunément les familles. Mais que je meure, entendez-vous, je ne mourrai pas silencieux comme tant d'autres. Si le duc ne sait pas que sa ville est une forêt
80 pleine de bandits, pleine d'empoisonneurs et de filles déshonorées, en voilà un qui le lui dira. Ah ! massacre ! ah ! fer et sang ! j'obtiendrai justice de vous !

GIOMO, *l'épée à la main*

Faut-il frapper, Altesse ?

LE DUC

Allons donc ! frapper ce pauvre homme ! Va te recoucher, mon ami, nous t'enverrons demain quelques ducats.

*Il sort.*

MAFFIO

C'est Alexandre de Médicis !

---

1. *Dénichée* : tirée du nid.

GIOMO

Lui-même, mon brave rustre. Ne te vante pas de sa visite, si tu tiens à tes oreilles.

*Il sort.* 90

SCÈNE II [1]

*Une rue. – Le point du jour* [2].
*Plusieurs masques sortent d'une maison illuminée ;*
UN MARCHAND DE SOIERIES *et* UN ORFÈVRE
*ouvrent leurs boutiques.*

LE MARCHAND DE SOIERIES

Hé, hé, père Mondella, voilà bien du vent pour mes étoffes.

*Il étale ses pièces de soie.*

L'ORFÈVRE, *bâillant*

C'est à se casser la tête. Au diable leur noce ! je n'ai pas fermé l'œil de la nuit.

LE MARCHAND

Ni ma femme non plus, voisin ; la chère âme s'est tournée et retournée comme une anguille. Ah ! dame ! quand on est jeune, on ne s'endort pas au bruit des violons.

---

1. Les scènes historiques comportaient souvent des scènes où des citoyens discutent politique ; on trouve ce genre de scènes dans le drame shakespearien (*Jules César*, I, 1 ; *Coriolan* I, 1). Le drame historique a pour ambition de représenter aussi bien les grands que le peuple. C'est ce que Musset parvient à faire dans cette scène de rue, où le peuple contemple le spectacle que lui offrent les puissants, assurant leur pouvoir par la représentation même qu'ils en donnent. Mais le dialogue est aussi l'occasion d'un commentaire critique sur les rapports de rivalité et d'interdépendance entre la bourgeoisie marchande et l'aristocratie consommatrice et oisive.
2. Début de la journée de travail pour les bourgeois, fin d'une nuit de fête pour les nobles.

#### L'ORFÈVRE

Jeune ! jeune ! cela vous plaît à dire. On n'est pas jeune
10 avec une barbe comme celle-là, et cependant Dieu sait si
leur damnée de musique me donne envie de danser.

*Deux écoliers* [1] *passent.*

#### PREMIER ÉCOLIER

Rien n'est plus amusant. On se glisse contre la porte au
milieu des soldats, et on les voit descendre avec leurs
habits de toutes les couleurs. Tiens, voilà la maison des
Nasi. (*Il souffle dans ses doigts.*) Mon portefeuille [2] me
glace les mains.

#### DEUXIÈME ÉCOLIER

Et on nous laissera approcher ?

#### PREMIER ÉCOLIER

En vertu de quoi est-ce qu'on nous en empêcherait ?
20 Nous sommes citoyens de Florence. Regarde tout ce
monde autour de la porte ; en voilà des chevaux, des pages
et des livrées ! Tout cela va et vient, il n'y a qu'à s'y
connaître un peu ; je suis capable de nommer toutes les
personnes d'importance ; on observe bien tous les costumes, et le soir on dit à l'atelier : J'ai une terrible envie de
dormir, j'ai passé la nuit au bal chez le prince Aldobrandini, chez le comte Salviati ; le prince était habillé de telle
façon, la princesse de telle autre, et on ne ment pas. Viens,
prends ma cape par-derrière.

30                *Ils se placent contre la porte de la maison.*

#### L'ORFÈVRE

Entendez-vous les petits badauds ? Je voudrais qu'un de
mes apprentis fît un pareil métier.

---

1. *Écoliers* : étudiants.
2. *Portefeuille* : carton à dessin. L'écolier apprend la peinture, comme
l'indique aussi sa fréquentation d'un « atelier », mentionné dans sa pro-
chaine réplique.

LE MARCHAND

Bon, bon, père Mondella, où le plaisir ne coûte rien, la jeunesse n'a rien à perdre. Tous ces grands yeux étonnés de ces petits polissons me réjouissent le cœur. – Voilà comme j'étais, humant l'air et cherchant les nouvelles. Il paraît que la Nasi est une belle gaillarde, et que le Martelli est un heureux garçon. C'est une famille bien florentine, celle-là ! Quelle tournure ont tous ces grands seigneurs ! J'avoue que ces fêtes-là me font plaisir, à moi. On est dans 40 son lit bien tranquille, avec un coin de ses rideaux retroussé ; on regarde de temps en temps les lumières qui vont et viennent dans le palais ; on attrape un petit air de danse sans rien payer, et on se dit : Hé, hé, ce sont mes étoffes qui dansent, mes belles étoffes du bon Dieu, sur le cher corps de tous ces braves et loyaux seigneurs.

L'ORFÈVRE

Il en danse plus d'une qui n'est pas payée, voisin ; ce sont celles-là qu'on arrose de vin et qu'on frotte sur les murailles avec le moins de regret. Que les grands seigneurs s'amusent, c'est tout simple – ils sont nés pour 50 cela. Mais il y a des amusements de plusieurs sortes, entendez-vous ?

LE MARCHAND

Oui, oui, comme la danse, le cheval, le jeu de paume et tant d'autres. Qu'entendez-vous vous-même, père Mondella ?

L'ORFÈVRE

Cela suffit – je me comprends. – C'est-à-dire que les murailles de tous ces palais-là n'ont jamais mieux prouvé leur solidité. Il leur fallait moins de force pour défendre les aïeux de l'eau du ciel, qu'il ne leur en faut pour soutenir les fils quand ils ont trop pris de leur vin. 60

LE MARCHAND

Un verre de vin est de bon conseil, père Mondella. Entrez donc dans ma boutique, que je vous montre une pièce de velours.

L'ORFÈVRE

Oui, de bon conseil et de bonne mine, voisin ; un bon verre de vin vieux a une bonne mine au bout d'un bras qui a sué pour le gagner ; on le soulève gaiement d'un petit coup, et il s'en va donner du courage au cœur de l'honnête homme qui travaille pour sa famille. Mais ce sont des tonneaux sans vergogne, que tous ces godelureaux [1] de la cour. À qui fait-on plaisir en s'abrutissant jusqu'à la bête féroce ? À personne, pas même à soi, et à Dieu encore moins.

LE MARCHAND

Le carnaval a été rude, il faut l'avouer ; et leur maudit ballon * m'a gâté de la marchandise pour une cinquantaine de florins [2]. Dieu merci ! les Strozzi l'ont payée.

L'ORFÈVRE

Les Strozzi ! Que le ciel confonde ceux qui ont osé porter la main sur leur neveu ! Le plus brave homme de Florence, c'est Philippe Strozzi [3].

LE MARCHAND

Cela n'empêche pas Pierre Strozzi d'avoir traîné son maudit ballon sur ma boutique, et de m'avoir fait trois grandes taches dans une aune [4] de velours brodé. À propos, père Mondella, nous verrons-nous à Montolivet ?

L'ORFÈVRE

Ce n'est pas mon métier de suivre les foires [5] ; j'irai cependant à Montolivet par piété. C'est un saint pèlerinage, voisin, et qui remet tous les péchés.

---

1. *Godelureaux* : jeunes gens élégants et frivoles.
* « C'était l'usage, au carnaval, de traîner dans les rues un énorme ballon qui renversait les passants et les devantures de boutiques. Pierre Strozzi avait été arrêté pour ce fait. » (*Note de Musset*)
2. Ancienne monnaie de Florence, frappée d'une fleur de lys.
3. Pour les besoins de son drame, Musset a embelli la figure de Philippe Strozzi ; le personnage historique est peint par Varchi comme un arriviste débauché.
4. *Aune* : mesure de longueur (1,20 m).
5. Les orfèvres se considéraient davantage comme des artistes que comme des commerçants.

LE MARCHAND

Et qui est tout à fait vénérable, voisin, et qui fait gagner les marchands plus que tous les autres jours de l'année. C'est plaisir de voir ces bonnes dames, sortant de la messe, manier, examiner toutes les étoffes. Que Dieu conserve Son Altesse ! La cour est une belle chose.                                                                       90

L'ORFÈVRE

La cour ! le peuple la porte sur le dos [1], voyez-vous ! Florence était encore (il n'y a pas longtemps de cela) une bonne maison bien bâtie ; tous ces grands palais, qui sont les logements de nos grandes familles, en étaient les colonnes. Il n'y en avait pas une, de toutes ces colonnes, qui dépassât les autres d'un pouce ; elles soutenaient à elles toutes une vieille voûte bien cimentée, et nous nous promenions là-dessous sans crainte d'une pierre sur la tête. Mais il y a de par le monde deux architectes malavisés qui ont gâté l'affaire ; je vous le dis en confidence, 100 c'est le pape et l'empereur Charles [2]. L'empereur a commencé par entrer par une assez bonne brèche dans la susdite maison. Après quoi, ils ont jugé à propos de prendre une des colonnes dont je vous parle, à savoir celle de la famille des Médicis et d'en faire un clocher, lequel clocher a poussé comme un champignon de malheur dans l'espace d'une nuit. Et puis, savez-vous, voisin ! comme l'édifice branlait au vent, attendu qu'il avait la tête trop lourde et une jambe de moins, on a remplacé le pilier devenu clocher par un gros pâté informe fait de boue et 110 de crachat, et on a appelé cela la citadelle. Les Allemands [3] se sont installés dans ce maudit trou, comme des

---

1. En 1789, une célèbre caricature anonyme, amplement diffusée, montrait le Tiers-État (un paysan grevé d'impôts) portant sur son dos la Noblesse (un aristocrate) et le Clergé (un évêque). La légende lui faisait dire : « a faut espérer qu'eu s'jeu la finira bentôt ».
2. Charles Quint, que Clément VII avait couronné empereur en 1530 ; à Clément VII (Jules de Médicis), mort en 1534, avait succédé Paul III (Alexandre Farnèse).
3. Garnison allemande des soldats de Charles Quint, qui faisait régner l'ordre à Florence depuis le rétablissement des Médicis par le pape et l'empereur en 1530.

rats dans un fromage, et il est bon de savoir que, tout en jouant aux dés et en buvant leur vin aigrelet, ils ont l'œil sur nous autres. Les familles florentines ont beau crier, le peuple et les marchands ont beau dire, les Médicis gouvernent au moyen de leur garnison ; ils nous dévorent comme une excroissance vénéneuse dévore un estomac malade. C'est en vertu des hallebardes [1] qui se promè
120  nent sur la plate-forme qu'un bâtard, une moitié de Médicis, un butor que le ciel avait fait pour être garçon boucher ou valet de charrue [2], couche dans le lit de nos filles, boit nos bouteilles, casse nos vitres, et encore le paye-t-on pour cela.

### LE MARCHAND

Peste ! comme vous y allez ! Vous avez l'air de savoir tout cela par cœur ; il ne ferait pas bon dire cela dans toutes les oreilles, voisin Mondella.

### L'ORFÈVRE

Et quand on me bannirait comme tant d'autres ! On vit à Rome aussi bien qu'ici. Que le diable emporte la noce,
130  ceux qui y dansent et ceux qui la font !

*Il rentre. Le marchand se mêle aux curieux.*
*Passe un bourgeois avec sa femme.*

### LA FEMME

Guillaume Martelli est un bel homme, et riche. C'est un bonheur pour Nicolo Nasi d'avoir un gendre comme celui-là. Tiens, le bal dure encore. – Regarde donc toutes ces lumières.

### LE BOURGEOIS

Et nous, notre fille, quand la marierons-nous ?

-------

1. *Hallebardes* : grandes piques des soldats allemands, se terminant par un fer central et deux fers latéraux ; Varchi rapporte que les Florentins avaient été très impressionnés par cette arme nouvelle.
2. Fils d'une fille de salle maure, Alexandre de Médicis l'aurait fait exécuter, dit-on, pour supprimer ce témoin gênant de ses origines. Sur son ascendance paternelle douteuse, voir note 1, p. 37.

LA FEMME

Comme tout est illuminé ! danser encore à l'heure qu'il est, c'est là une jolie fête. – On dit que le duc y est.

LE BOURGEOIS

Faire du jour la nuit et de la nuit le jour, c'est un 140 moyen commode de ne pas voir les honnêtes gens. Une belle invention, ma foi, que des hallebardes à la porte d'une noce ! Que le bon Dieu protège la ville ! Il en sort tous les jours de nouveaux, de ces chiens d'Allemands, de leur damnée forteresse.

LA FEMME

Regarde donc le joli masque. Ah ! la belle robe ! Hélas ! tout cela coûte très cher, et nous sommes bien pauvres à la maison.

*Ils sortent.*

UN SOLDAT, *au marchand*

Gare, canaille ! laisse passer les chevaux.

LE MARCHAND

Canaille toi-même, Allemand du diable !                    150

*Le soldat le frappe de sa pique.*

LE MARCHAND, *se retirant*

Voilà comme on suit la capitulation [1] ! Ces gredins-là maltraitent les citoyens.

*Il rentre chez lui.*

L'ÉCOLIER, *à son camarade*

Vois-tu celui-là qui ôte son masque ? C'est Palla Ruccellaï [2]. Un fier luron ! Ce petit-là, à côté de lui, c'est Thomas Strozzi, Masaccio, comme on dit.

---

1. En 1530, Florence avait signé sa capitulation devant le commandant des troupes impériales, qui représentait Charles Quint. Une clause garantissait la liberté des citoyens, mais elle fut d'emblée bafouée.
2. Les Ruccellaï sont l'une des grandes familles républicaines de Florence. On retrouvera Palla Ruccellaï à l'acte V, scène 1.

UN PAGE, *criant*

Le cheval de Son Altesse !

LE SECOND ÉCOLIER

Allons-nous-en, voilà le duc qui sort.

LE PREMIER ÉCOLIER

160  Crois-tu pas qu'il va te manger ?

*La foule augmente à la porte.*

L'ÉCOLIER

Celui-là, c'est Nicolini ; celui-là, c'est le provéditeur [1].

*Le duc sort, vêtu en religieuse, avec Julien Salviati, habillé de même, tous deux masqués [2].*

LE DUC, *montant à cheval*

Viens-tu, Julien ?

SALVIATI

Non, Altesse, pas encore.

*Il lui parle à l'oreille.*

LE DUC

Bien, bien, ferme !

SALVIATI

Elle est belle comme un démon. – Laissez-moi faire ! Si
170  je peux me débarrasser de ma femme !…

*Il rentre dans le bal.*

LE DUC

Tu es gris, Salviati. Le diable m'emporte, tu vas de travers.

*Il part avec sa suite.*

---

1. Roberto Corsini, gouverneur de la forteresse (voir la liste des Personnages, p. 36).
2. Varchi mentionne ce travestissement des deux hommes en religieuses.

L'ÉCOLIER

Maintenant que voilà le duc parti, il n'y en a pas pour longtemps.

*Les masques sortent de tous côtés.*

LE SECOND ÉCOLIER

Rose, vert, bleu, j'en ai plein les yeux ; la tête me tourne.

UN BOURGEOIS

Il paraît que le souper a duré longtemps. En voilà deux 180 qui ne peuvent plus se tenir.

*Le Provéditeur monte à cheval ; une bouteille cassée lui tombe sur l'épaule.*

LE PROVÉDITEUR

Eh, ventrebleu ! quel est l'assommeur, ici ?

UN MASQUE

Eh ! ne le voyez-vous pas, seigneur Corsini ? Tenez, regardez à la fenêtre ; c'est Lorenzo, avec sa robe de nonne.

LE PROVÉDITEUR

Lorenzaccio, le diable soit de toi ! Tu as blessé mon cheval. (*La fenêtre se ferme.*) Peste soit de l'ivrogne et de ses farces silencieuses ! Un gredin qui n'a pas souri trois fois dans sa vie, et qui passe le temps à des espiègleries 190 d'écolier en vacances !

*Il part.*
*Louise Strozzi sort de la maison, accompagnée de Julien Salviati ; il lui tient l'étrier. Elle monte à cheval ; un écuyer et une gouvernante la suivent.*

JULIEN

La jolie jambe, chère fille ! Tu es un rayon de soleil, et tu as brûlé la moelle de mes os.

LOUISE

Seigneur, ce n'est pas là le langage d'un cavalier [1].

---

1. *Cavalier* : gentilhomme.

JULIEN

Quels yeux tu as, mon cher cœur ! Quelle belle épaule à
200 essuyer, tout humide et si fraîche ! Que faut-il te donner pour
être ta camériste [1] cette nuit ? Le joli pied à déchausser !

LOUISE

Lâche mon pied, Salviati.

JULIEN

Non, par le corps de Bacchus [2] ! jusqu'à ce que tu
m'aies dit quand nous coucherons ensemble.

*Louise frappe son cheval et part au galop.*

UN MASQUE, *à Julien*

La petite Strozzi s'en va rouge comme la braise – vous
l'avez fâchée, Salviati.

JULIEN

Baste [3] ! colère de jeune fille et pluie du matin…

*Il sort.*

SCÈNE III

*Chez le marquis Cibo.*
LE MARQUIS, *en habit de voyage*, LA MARQUISE, ASCANIO,
LE CARDINAL CIBO, *assis.*

LE MARQUIS, *embrassant son fils*

Je voudrais pouvoir t'emmener, petit, toi et ta grande épée
qui te traîne entre les jambes. Prends patience ; Massa [4] n'est
pas bien loin, et je te rapporterai un bon cadeau.

---

1. *Camériste* : femme de chambre.
2. Juron italien ; Bacchus est le dieu latin du vin et de l'ivresse.
3. Juron signifiant l'indifférence ou le dédain.
4. Ville du nord de la Toscane, dont le duché appartient à la famille de la marquise.

LA MARQUISE

Adieu, Laurent ; revenez, revenez !

LE CARDINAL

Marquise, voilà des pleurs qui sont de trop. Ne dirait-on pas que mon frère part pour la Palestine ? Il ne court pas grand danger dans ses terres, je crois.

LE MARQUIS

Mon frère, ne dites pas de mal de ces belles larmes.

*Il embrasse sa femme.*

LE CARDINAL

Je voudrais seulement que l'honnêteté n'eût pas cette 10 apparence.

LA MARQUISE

L'honnêteté n'a-t-elle point de larmes, monsieur le cardinal ? Sont-elles toutes au repentir ou à la crainte ?

LE MARQUIS

Non, par le ciel ! car les meilleures sont à l'amour. N'essuyez pas celles-ci sur mon visage, le vent s'en chargera en route ; qu'elles se sèchent lentement ! Eh bien, ma chère, vous ne me dites rien pour vos favoris ? N'emporterai-je pas, comme de coutume, quelque belle harangue sentimentale à faire de votre part aux roches et aux cascades de mon vieux patrimoine ?

20

LA MARQUISE

Ah ! mes pauvres cascatelles [1] !

LE MARQUIS

C'est la vérité, ma chère âme, elles sont toutes tristes sans vous. (*Plus bas.*) Elles ont été joyeuses autrefois, n'est-il pas vrai, Ricciarda ?

---

1. *Cascatelles* : petites cascades (italianisme).

### LA MARQUISE

Emmenez-moi !

### LE MARQUIS

Je le ferais si j'étais fou, et je le suis presque, avec ma vieille mine de soldat. N'en parlons plus – ce sera l'affaire d'une semaine. Que ma chère Ricciarda voie ses jardins quand ils sont tranquilles et solitaires ; les pieds boueux de
30 mes fermiers ne laisseront pas de trace dans ses allées chéries. C'est à moi de compter mes vieux troncs d'arbres qui me rappellent ton père Albéric, et tous les brins d'herbe de mes bois ; les métayers et leurs bœufs, tout cela me regarde. À la première fleur que je verrai pousser, je mets tout à la porte, et je vous emmène alors.

### LA MARQUISE

La première fleur de notre belle pelouse m'est toujours chère. L'hiver est si long ! Il me semble toujours que ces pauvres petites ne reviendront jamais.

### ASCANIO

Quel cheval as-tu, mon père, pour t'en aller ?

### LE MARQUIS

40 Viens avec moi dans la cour, tu le verras.

*Il sort.*
*La marquise reste seule avec le cardinal. – Un silence.*

### LE CARDINAL

N'est-ce pas aujourd'hui que vous m'avez demandé d'entendre votre confession, marquise ?

### LA MARQUISE

Dispensez-m'en, cardinal. Ce sera pour ce soir, si Votre Éminence est libre, ou demain, comme elle voudra. – Ce moment-ci n'est pas à moi.

*Elle se met à la fenêtre et fait un signe d'adieu à son mari.*

LE CARDINAL

Si les regrets étaient permis à un fidèle serviteur de 50
Dieu, j'envierais le sort de mon frère. – Un si court
voyage, si simple, si tranquille ! – une visite à une de ses
terres qui n'est qu'à quelques pas d'ici ! – une absence
d'une semaine – et tant de tristesse, une si douce tristesse, veux-je dire, à son départ ! Heureux celui qui sait
se faire aimer ainsi après sept années de mariage !
– N'est-ce pas sept années, marquise ?

LA MARQUISE

Oui, cardinal ; mon fils a six ans.

LE CARDINAL

Étiez-vous hier à la noce des Nasi ?

LA MARQUISE

Oui, j'y étais. 60

LE CARDINAL

Et le duc en religieuse ?

LA MARQUISE

Pourquoi le duc en religieuse ?

LE CARDINAL

On m'avait dit qu'il avait pris ce costume ; il se peut
qu'on m'ait trompé.

LA MARQUISE

Il l'avait en effet. Ah ! Malaspina [1], nous sommes dans
un triste temps pour toutes les choses saintes !

LE CARDINAL

On peut respecter les choses saintes, et, dans un jour de
folie, prendre le costume de certains couvents, sans
aucune intention hostile à la sainte Église catholique.

---

1. Historiquement, le nom de Malaspina est celui de la famille de la marquise elle-même, non celui de la famille de son mari.

LA MARQUISE

70 L'exemple est à craindre, et non l'intention. Je ne suis pas comme vous ; cela m'a révoltée. Il est vrai que je ne sais pas bien ce qui se peut et ce qui ne se peut pas, selon vos règles mystérieuses. Dieu sait où elles mènent. Ceux qui mettent les mots sur leur enclume, et qui les tordent avec un marteau et une lime, ne réfléchissent pas toujours que ces mots représentent des pensées, et ces pensées des actions.

LE CARDINAL

Bon ! bon, le duc est jeune, marquise, et gageons que cet habit coquet des nonnes lui allait à ravir.

LA MARQUISE

80 On ne peut mieux ; il n'y manquait que quelques gouttes du sang de son cousin, Hippolyte de Médicis [1].

LE CARDINAL

Et le bonnet de la Liberté [2], n'est-il pas vrai, petite sœur ? Quelle haine pour ce pauvre duc !

LA MARQUISE

Et vous, son bras droit, cela vous est égal que le duc de Florence soit le préfet de Charles Quint, le commissaire civil du pape, comme Baccio [3] est son commissaire religieux ? Cela vous est égal, à vous, frère de mon Laurent, que notre soleil, à nous, promène sur la citadelle des ombres allemandes ? que César parle ici dans toutes les 90 bouches ? que la débauche serve d'entremetteuse à l'esclavage, et secoue ses grelots sur les sanglots du peuple ? Ah ! le clergé sonnerait au besoin toutes ses cloches pour en étouffer le bruit et pour réveiller l'aigle impérial, s'il s'endormait sur nos pauvres toits.

---

1. Jeune cardinal mort empoisonné, probablement par son cousin Alexandre, contre qui il avait conspiré.
2. Dans l'Antiquité, les esclaves libérés portaient le *pileus*, bonnet symbolisant leur liberté ; l'image est reprise à la fin du XVIIIᵉ siècle par le bonnet phrygien, symbole de la République.
3. *Baccio* : Valori.

*Elle sort.*

LE CARDINAL, *seul, soulève la tapisserie*
*et appelle à voix basse*

Agnolo ! (*Entre un page.*) Quoi de nouveau aujour-d'hui ?

AGNOLO

Cette lettre, monseigneur.

LE CARDINAL

Donne-la-moi.

AGNOLO

Hélas ! Éminence, c'est un péché.          100

LE CARDINAL

Rien n'est un péché quand on obéit à un prêtre de l'Église romaine [1].

*Agnolo remet la lettre.*

LE CARDINAL

Cela est comique d'entendre les fureurs de cette pauvre marquise, et de la voir courir à un rendez-vous d'amour avec le cher tyran, toute baignée de larmes républicaines. (*Il ouvre la lettre et lit.*)
« Ou vous serez à moi, ou vous aurez fait mon malheur, le vôtre, et celui de nos deux maisons. »
Le style du duc est laconique, mais il ne manque pas 110 d'énergie. Que la marquise soit convaincue ou non, voilà le difficile à savoir. Deux mois de cour presque assidue, c'est beaucoup pour Alexandre ; ce doit être assez pour Ricciarda Cibo. (*Il rend la lettre au page.*)
Remets cela chez ta maîtresse ; tu es toujours muet, n'est-ce pas ? Compte sur moi.

*Il lui donne sa main à baiser et sort.*

---

1. Musset laisse ici percer son anticléricalisme, partagé dans les années 1830 par les libéraux. La phrase rappelle la casuistique de Tartuffe.

## SCÈNE IV

*Une cour du palais du duc.*
LE DUC ALEXANDRE, *sur une terrasse ;*
*des pages exercent des chevaux dans la cour.*
*Entrent* VALORI *et* SIRE MAURICE.

LE DUC, *à Valori*

Votre Éminence a-t-elle reçu ce matin des nouvelles de la cour de Rome ?

VALORI

Paul III [1] envoie mille bénédictions à Votre Altesse, et fait les vœux les plus ardents pour sa prospérité.

LE DUC

Rien que des vœux, Valori ?

VALORI

Sa Sainteté craint que le duc ne se crée de nouveaux dangers par trop d'indulgence. Le peuple est mal habitué à la domination absolue ; et César [2], à son dernier voyage, en a dit autant, je crois, à Votre Altesse.

LE DUC

10    Voilà, pardieu, un beau cheval, sire Maurice ! Eh ! quelle croupe de diable !

SIRE MAURICE

Superbe, Altesse.

LE DUC

Ainsi, monsieur le commissaire apostolique, il y a encore quelques mauvaises branches à élaguer. César et le pape ont fait de moi un roi ; mais, par Bacchus, ils m'ont mis dans la main une espèce de sceptre qui sent la hache d'une lieue. Allons, voyons, Valori, qu'est-ce que c'est ?

---

1. Paul III (Alexandre Farnèse) avait succédé à Clément VII (Jules de Médicis) en 1534. Les deux familles étaient rivales.
2. *César* : l'empereur (en l'occurrence Charles Quint).

VALORI

Je suis un prêtre, Altesse ; si les paroles que mon devoir me force à vous rapporter fidèlement doivent être interprétées d'une manière aussi sévère, mon cœur me défend d'y 20 ajouter un mot.

LE DUC

Oui, oui, je vous connais pour un brave. Vous êtes, pardieu, le seul prêtre honnête homme que j'aie vu de ma vie [1].

VALORI

Monseigneur, l'honnêteté ne se perd ni ne se gagne sous aucun habit, et parmi les hommes il y a plus de bons que de méchants.

LE DUC

Ainsi donc, point d'explications ?

SIRE MAURICE

Voulez-vous que je parle, monseigneur ? tout est facile à expliquer. 30

LE DUC

Eh bien ?

SIRE MAURICE

Les désordres de la cour irritent le pape.

LE DUC

Que dis-tu là, toi ?

SIRE MAURICE

J'ai dit les désordres de la cour, Altesse ; les actions du duc n'ont d'autre juge que lui-même. C'est Lorenzo de Médicis que le pape réclame comme transfuge de sa justice.

---

1. C'est maintenant par la bouche du duc que s'exprime l'anticléricalisme libéral de Musset.

LE DUC

De sa justice ? Il n'a jamais offensé le pape, à ma
connaissance, que Clément VII, feu mon cousin, qui, à
40 cette heure, est en enfer.

SIRE MAURICE

Clément VII a laissé sortir de ses États le libertin qui, un
jour d'ivresse, avait décapité les statues de l'arc de
Constantin [1]. Paul III ne saurait pardonner au modèle titré
de la débauche florentine.

LE DUC

Ah ! parbleu, Alexandre Farnèse est un plaisant
garçon ! Si la débauche l'effarouche, que diable fait-il de
son bâtard, le cher Pierre Farnèse, qui traite si joliment
l'évêque de Fano [2] ? Cette mutilation revient toujours sur
l'eau, à propos de ce pauvre Renzo. Moi, je trouve cela
50 drôle, d'avoir coupé la tête à tous ces hommes de pierre.
Je protège les arts comme un autre, et j'ai chez moi les
premiers artistes de l'Italie ; mais je n'entends rien au respect du pape pour ces statues qu'il excommunierait
demain, si elles étaient en chair et en os.

SIRE MAURICE

Lorenzo est un athée ; il se moque de tout. Si le gouvernement de Votre Altesse n'est pas entouré d'un profond
respect, il ne saurait être solide. Le peuple appelle
Lorenzo, Lorenzaccio [3] ; on sait qu'il dirige vos plaisirs, et
cela suffit.

LE DUC

60 Paix ! tu oublies que Lorenzo de Médicis est cousin
d'Alexandre. (*Entre le cardinal Cibo.*) Cardinal, écoutez
un peu ces messieurs qui disent que le pape est scandalisé

---

1. Constantin fut le premier empereur chrétien. La décapitation en 1534
des huit statues de rois barbares par Lorenzo est un fait historique.
2. Varchi raconte que Pierre Farnèse, bâtard du pape Paul III, viola et tua
impunément le jeune évêque de Fano ; mais les faits se produisirent en
réalité après la mort d'Alexandre.
3. Le diminutif -*accio* peut avoir une connotation péjorative.

des désordres de ce pauvre Renzo, et qui prétendent que cela fait tort à mon gouvernement.

LE CARDINAL

Messire Francesco Molza vient de débiter à l'Académie romaine une harangue en latin contre le mutilateur de l'arc de Constantin.

LE DUC

Allons donc, vous me mettriez en colère ! Renzo, un homme à craindre ! le plus fieffé poltron ! une femmelette, l'ombre d'un ruffian énervé [1] ! un rêveur qui marche nuit et jour sans épée, de peur d'en apercevoir l'ombre à son côté ! d'ailleurs un philosophe, un gratteur de papier, un méchant poète qui ne sait seulement pas faire un sonnet ! Non, non, je n'ai pas encore peur des ombres ! Eh ! corps de Bacchus ! que me font les discours latins et les quolibets de ma canaille ! J'aime Lorenzo, moi, et, par la mort de Dieu ! il restera ici.

LE CARDINAL

Si je craignais cet homme, ce ne serait pas pour votre cour, ni pour Florence, mais pour vous, duc.

LE DUC

Plaisantez-vous, cardinal, et voulez-vous que je vous dise la vérité ? *(Il lui parle bas.)* Tout ce que je sais de ces damnés bannis, de tous ces républicains entêtés qui complotent autour de moi, c'est par Lorenzo que je le sais. Il est glissant comme une anguille ; il se fourre partout et me dit tout. N'a-t-il pas trouvé moyen d'établir une correspondance avec tous ces Strozzi de l'enfer ? Oui, certes, c'est mon entremetteur ; mais croyez que son entremise, si elle nuit à quelqu'un, ne me nuira pas. Tenez ! *(Lorenzo paraît au fond d'une galerie basse.)* Regardez-moi ce petit corps maigre, ce lendemain d'orgie ambulant. Regardez-moi ces yeux plombés, ces mains fluettes et maladives, à peine assez fermes pour soutenir un éventail, ce visage morne, qui sourit quelquefois, mais qui n'a pas la force de

---

1. *Ruffian* : souteneur ; *énervé* : à qui on a enlevé les nerfs, donc apathique, sans énergie.

rire. C'est là un homme à craindre ? Allons, allons, vous vous moquez de lui. Hé ! Renzo, viens donc ici ; voilà sire Maurice qui te cherche dispute.

LORENZO *monte l'escalier de la terrasse*

Bonjour, messieurs les amis de mon cousin.

LE DUC

Lorenzo, écoute ici. Voilà une heure que nous parlons de toi. Sais-tu la nouvelle ? Mon ami, on t'excommunie en latin, et sire Maurice t'appelle un homme dangereux, le
100 cardinal aussi ; quant au bon Valori, il est trop honnête homme pour prononcer ton nom.

LORENZO

Pour qui dangereux, Éminence ? pour les filles de joie, ou pour les saints du paradis ?

LE CARDINAL

Les chiens de cour peuvent être pris de la rage comme les autres chiens.

LORENZO

Une insulte de prêtre doit se faire en latin.

SIRE MAURICE

Il s'en fait en toscan, auxquelles on peut répondre.

LORENZO

Sire Maurice, je ne vous voyais pas ; excusez-moi, j'avais le soleil dans les yeux ; mais vous avez un bon
110 visage, et votre habit me paraît tout neuf.

SIRE MAURICE

Comme votre esprit ; je l'ai fait faire d'un vieux pourpoint de mon grand-père.

LORENZO

Cousin, quand vous aurez assez de quelque conquête des faubourgs, envoyez-la donc chez sire Maurice. Il est malsain de vivre sans femme, pour un homme qui a, comme lui, le cou court et les mains velues.

SIRE MAURICE

Celui qui se croit le droit de plaisanter doit savoir se défendre. À votre place, je prendrais une épée.

LORENZO

Si l'on vous a dit que j'étais un soldat, c'est une erreur ; je suis un pauvre amant de la science. 120

SIRE MAURICE

Votre esprit est une épée acérée, mais flexible. C'est une arme trop vile ; chacun fait usage des siennes.

*Il tire son épée.*

VALORI

Devant le duc, l'épée nue !

LE DUC, *riant*

Laissez faire, laissez faire. Allons, Renzo, je veux te servir de témoin – qu'on lui donne une épée !

LORENZO

Monseigneur, que dites-vous là ?

LE DUC

Eh bien ! ta gaieté s'évanouit si vite ? Tu trembles, cousin ? Fi donc ! tu fais honte au nom des Médicis. Je ne suis qu'un bâtard, et je le porterais mieux que toi, qui es 130 légitime [1] ? Une épée, une épée ! un Médicis ne se laisse point provoquer ainsi. Pages, montez ici ; toute la cour le verra, et je voudrais que Florence entière y fût.

LORENZO

Son Altesse se rit de moi.

---

1. Le duc est bâtard, mais de la branche aînée des Médicis ; inversement Lorenzo est légitime, mais de la branche cadette.

LE DUC

J'ai ri tout à l'heure, mais maintenant je rougis de honte.
Une épée !

> *Il prend l'épée d'un page et la présente à*
> *Lorenzo.*

VALORI

Monseigneur, c'est pousser trop loin les choses. Une
140 épée tirée en présence de Votre Altesse est un crime punis-
sable dans l'intérieur du palais.

LE DUC

Qui parle ici, quand je parle ?

VALORI

Votre Altesse ne peut avoir eu d'autre dessein que celui
de s'égayer un instant, et sire Maurice lui-même n'a point
agi dans une autre pensée.

LE DUC

Et vous ne voyez pas que je plaisante encore ? Qui
diable pense ici à une affaire sérieuse ? Regardez Renzo,
je vous en prie ; ses genoux tremblent, il serait devenu
pâle, s'il pouvait le devenir. Quelle contenance, juste
150 Dieu ! je crois qu'il va tomber.

> *Lorenzo chancelle ; il s'appuie sur la balustrade*
> *et glisse à terre tout d'un coup* [1].

LE DUC, *riant aux éclats*

Quand je vous le disais ! personne ne le sait mieux que
moi ; la seule vue d'une épée le fait trouver mal. Allons,
chère Lorenzetta, fais-toi emporter chez ta mère.

> *Les pages relèvent Lorenzo.*

---

1. George Sand indique à cet instant par deux apartés de Lorenzo que son
évanouissement est feint. Musset maintient l'ambiguïté, laissant le spectateur dans le doute pendant la fin de la scène : qui a raison, du duc
confiant, ou du cardinal soupçonneux ?

SIRE MAURICE

Double poltron ! fils de catin !

LE DUC

Silence, sire Maurice, pesez vos paroles ; c'est moi qui vous le dis maintenant. Pas de ces mots-là devant moi.

VALORI

Pauvre jeune homme !                                    160

*Sire Maurice et Valori sortent.*

LE CARDINAL, *resté seul avec le duc*

Vous croyez à cela, monseigneur ?

LE DUC

Je voudrais bien savoir comment je n'y croirais pas.

LE CARDINAL

Hum ! c'est bien fort.

LE DUC

C'est justement pour cela que j'y crois. Vous figurez-vous qu'un Médicis se déshonore publiquement, par partie de plaisir ? D'ailleurs ce n'est pas la première fois que cela lui arrive ; jamais il n'a pu voir une épée.

LE CARDINAL

C'est bien fort, c'est bien fort.

*Ils sortent.* 170

SCÈNE V

*Devant l'église de Saint-Miniato, à Montolivet.*
*La foule sort de l'église.*

UNE FEMME, *à sa voisine*

Retournez-vous ce soir à Florence ?

LA VOISINE

Je ne reste jamais plus d'une heure ici, et je n'y viens jamais qu'un seul vendredi * ; je ne suis pas assez riche pour m'arrêter à la foire. Ce n'est pour moi qu'une affaire de dévotion, et que cela suffise pour mon salut, c'est tout ce qu'il me faut.

UNE DAME DE LA COUR, *à une autre*

Comme il a bien prêché ! c'est le confesseur de ma fille. *(Elle s'approche d'une boutique.)* Blanc et or, cela fait bien le soir ; mais le jour, le moyen d'être propre avec cela !

10          *Le marchand et l'orfèvre devant leurs boutiques,*
            *avec quelques cavaliers.*

L'ORFÈVRE

La citadelle ! voilà ce que le peuple ne souffrira jamais. Voir tout d'un coup s'élever sur la ville cette nouvelle tour de Babel, au milieu du plus maudit baragouin ! les Allemands ne pousseront jamais à Florence, et pour les y greffer, il faudra un vigoureux lien.

---

* « On allait à Montolivet tous les vendredis de certains mois ; c'était à Florence ce que Longchamp était autrefois à Paris. Les marchands y trouvaient l'occasion d'une foire et y transportaient leurs boutiques. » (*Note de Musset*) [Musset amalgame en fait deux lieux distincts, la colline de San Miniato et celle de Montolivet. Varchi explique que « chaque année, tous les vendredis de mars, la sainte Église romaine accorde pardon et indulgence plénière à quiconque visite l'église de San Miniato, bâtie par la comtesse Mathilde, et desservie alors par les moines de Montolivet ». À cette occasion se tenait une foire. Sous l'Ancien Régime, l'abbaye de Longchamp était un lieu de pèlerinage pendant la Semaine Sainte, à proximité duquel s'étaient installées des guinguettes ; le site resta une promenade à la mode après la destruction de l'abbaye.

LE MARCHAND

Voyez, mesdames ; que vos seigneuries acceptent un tabouret sous mon auvent.

UN CAVALIER

Tu es du vieux sang florentin, père Mondella ; la haine de la tyrannie fait encore trembler tes doigts sur tes cise- 20 lures précieuses, au fond de ton cabinet de travail.

L'ORFÈVRE

C'est vrai, Excellence. Si j'étais un grand artiste, j'aimerais les princes, parce qu'eux seuls peuvent faire entreprendre de grands travaux [1]. Les grands artistes n'ont pas de patrie. Moi, je fais des saints ciboires [2] et des poignées d'épée.

UN AUTRE CAVALIER

À propos d'artiste, ne voyez-vous pas dans ce petit cabaret ce grand gaillard qui gesticule devant des badauds ? Il frappe son verre sur la table ; si je ne me trompe, c'est ce hâbleur de Cellini [3]. 30

LE PREMIER CAVALIER

Allons-y donc, et entrons ; avec un verre de vin dans la tête, il est curieux à entendre, et probablement quelque bonne histoire est en train.

*Ils sortent.*
*Deux bourgeois s'assoient.*

---

1. À l'époque où écrit Musset, l'artiste n'est plus protégé par un mécène, mais doit se soumettre au goût du public, qui transforme l'œuvre d'art en valeur marchande.
2. *Ciboire* : vase sacré où l'on enferme les hosties.
3. Benvenuto Cellini (1500-1571) : grand orfèvre et sculpteur florentin, au tempérament bouillant et à la vie mouvementée. En 1540, quittant l'Italie après un scandale, il se rend en France à l'invitation de François Ier. Ses *Mémoires*, traduites en 1822, eurent un grand succès auprès des romantiques, et Musset s'en inspire à plusieurs reprises. Dans une étape intermédiaire de la rédaction de sa pièce, il lui confiait en outre un rôle assez important.

PREMIER BOURGEOIS

Il y a eu une émeute à Florence ?

DEUXIÈME BOURGEOIS

Presque rien. – Quelques pauvres jeunes gens ont été tués sur le Vieux-Marché.

PREMIER BOURGEOIS

Quelle pitié pour les familles !

DEUXIÈME BOURGEOIS

40    Voilà des malheurs inévitables. Que voulez-vous que fasse la jeunesse sous un gouvernement comme le nôtre ? On vient crier à son de trompe que César est à Bologne, et les badauds répètent : « César est à Bologne », en clignant des yeux d'un air d'importance, sans réfléchir à ce qu'on y fait. Le jour suivant, ils sont plus heureux encore d'apprendre et de répéter : « Le pape est à Bologne avec César [1]. » Que s'ensuit-il ? Une réjouissance publique. Ils n'en voient pas davantage ; et puis un beau matin ils se réveillent tout endormis des fumées
50    du vin impérial, et ils voient une figure sinistre à la grande fenêtre du palais des Pazzi [2]. Ils demandent quel est ce personnage, et on leur répond que c'est leur roi. Le pape et l'empereur sont accouchés d'un bâtard qui a droit de vie et de mort sur nos enfants, et qui ne pourrait pas nommer sa mère.

L'ORFÈVRE, *s'approchant*

Vous parlez en patriote, ami ; je vous conseille de prendre garde à ce flandrin [3].

*Passe un officier allemand.*

---

1. Ils se rencontrèrent à deux reprises à Bologne, en 1529 et en 1532.
2. La grande famille florentine des Pazzi fomenta en 1478 contre Laurent le Magnifique une conspiration qui échoua (seul périt Julien de Médicis) et fut cruellement réprimée.
3. *Flandrin* : grand garçon mou (étymologiquement, originaire des Flandres) ; désignation péjorative de l'occupant allemand.

L'OFFICIER

Ôtez-vous de là, messieurs ; des dames veulent s'asseoir.                                                               60

*Deux dames de la cour entrent et s'assoient.*

PREMIÈRE DAME

Cela est de Venise [1] ?

LE MARCHAND

Oui, magnifique Seigneurie ; vous en lèverai-je quelques aunes [2] ?

PREMIÈRE DAME

Si tu veux. J'ai cru voir passer Julien Salviati.

L'OFFICIER

Il va et vient à la porte de l'église ; c'est un galant.

DEUXIÈME DAME

C'est un insolent. Montrez-moi des bas de soie.

L'OFFICIER

Il n'y en aura pas d'assez petits pour vous.

PREMIÈRE DAME

Laissez donc, vous ne savez que dire. Puisque vous voyez Julien, allez lui dire que j'ai à lui parler.          70

L'OFFICIER

J'y vais et je le ramène.

*Il sort.*

PREMIÈRE DAME

Il est bête à faire plaisir, ton officier ; que peux-tu faire de cela ?

---

1. La dentelle au point de Venise était réputée.
2. *Aunes* : voir note 4, p. 44.

DEUXIÈME DAME

Tu sauras qu'il n'y a rien de mieux que cet homme-là.

*Elles s'éloignent.*
*Entre le prieur de Capoue*[1].

LE PRIEUR

Donnez-moi un verre de limonade, brave homme.

*Il s'assoit.*

UN DES BOURGEOIS

80   Voilà le prieur de Capoue ; c'est là un patriote !

*Les deux bourgeois se rassoient.*

LE PRIEUR

Vous venez de l'église, messieurs ? que dites-vous du sermon ?

LE BOURGEOIS

Il était beau, seigneur prieur.

DEUXIÈME BOURGEOIS, *à l'orfèvre*

Cette noblesse des Strozzi est chère au peuple, parce qu'elle n'est pas fière. N'est-il pas agréable de voir un grand seigneur adresser librement la parole à ses voisins d'une manière affable ? Tout cela fait plus qu'on ne pense.

LE PRIEUR

S'il faut parler franchement, j'ai trouvé le sermon trop
90   beau. J'ai prêché quelquefois[2], et je n'ai jamais tiré grande gloire du tremblement des vitres. Mais une petite larme sur la joue d'un brave homme m'a toujours été d'un grand prix.

*Entre Salviati.*

SALVIATI

On m'a dit qu'il y avait ici des femmes qui me demandaient tout à l'heure. Mais je ne vois de robe ici que la vôtre, Prieur. Est-ce que je me trompe ?

---

1. Léon, l'un des fils Strozzi.
2. Musset commet une petite erreur : la fonction du prieur est administrative, il ne saurait donc s'agir d'un prêtre.

LE MARCHAND

Excellence, on ne vous a pas trompé. Elles se sont éloignées ; mais je pense qu'elles vont revenir. Voilà dix aunes d'étoffe et quatre paires de bas pour elles.

SALVIATI, *s'asseyant*

Voilà une jolie femme qui passe. – Où diable l'ai-je donc vue ? – Ah ! parbleu, c'est dans mon lit.                    100

LE PRIEUR, *au bourgeois*

Je crois avoir vu votre signature sur une lettre adressée au duc.

LE BOURGEOIS

Je le dis tout haut. C'est la supplique adressée par les bannis.

LE PRIEUR

En avez-vous dans votre famille ?

LE BOURGEOIS

Deux, Excellence, mon père et mon oncle. Il n'y a plus que moi d'homme à la maison.

LE DEUXIÈME BOURGEOIS, *à l'orfèvre*

Comme ce Salviati a une méchante langue !

L'ORFÈVRE

Cela n'est pas étonnant ; un homme à moitié ruiné, vivant des générosités de ces Médicis, et marié comme il   110 l'est à une femme déshonorée partout [1] ! Il voudrait qu'on dît de toutes les femmes ce qu'on dit de la sienne.

SALVIATI

N'est-ce pas Louise Strozzi qui passe sur ce tertre ?

---

1. Le fait est authentique ; on la soupçonna d'avoir empoisonné Louise Strozzi.

LE MARCHAND

Elle-même, Seigneurie. Peu de dames de notre noblesse me sont inconnues. Si je ne me trompe, elle donne la main à sa sœur cadette.

SALVIATI

J'ai rencontré cette Louise la nuit dernière au bal des Nasi. Elle a, ma foi, une jolie jambe, et nous devons coucher ensemble au premier jour.

LE PRIEUR, *se retournant*

120   Comment l'entendez-vous ?

SALVIATI

Cela est clair, elle me l'a dit. Je lui tenais l'étrier, ne pensant guère à malice ; je ne sais par quelle distraction je lui pris la jambe, et voilà comme tout est venu.

LE PRIEUR

Julien, je ne sais pas si tu sais que c'est de ma sœur dont tu parles.

SALVIATI

Je le sais très bien ; toutes les femmes sont faites pour coucher avec les hommes, et ta sœur peut bien coucher avec moi.

LE PRIEUR *se lève*

Vous dois-je quelque chose, brave homme ?

130                    *Il jette une pièce de monnaie sur la table, et sort.*

SALVIATI

J'aime beaucoup ce brave prieur, à qui un propos sur sa sœur a fait oublier le reste de son argent. Ne dirait-on pas que toute la vertu de Florence s'est réfugiée chez ces Strozzi ? Le voilà qui se retourne. Écarquille les yeux tant que tu voudras, tu ne me feras pas peur.

## SCÈNE VI

### Le bord de l'Arno.
MARIE SODERINI, CATHERINE

#### CATHERINE

Le soleil commence à baisser. De larges bandes de pourpre traversent le feuillage, et la grenouille fait sonner sous les roseaux sa petite cloche de cristal. C'est une singulière chose que toutes les harmonies du soir avec le bruit lointain de cette ville.

#### MARIE

Il est temps de rentrer ; noue ton voile autour de ton cou.

#### CATHERINE

Pas encore, à moins que vous n'ayez froid. Regardez, ma mère chérie * ; que le ciel est beau ! que tout cela est vaste et tranquille ! comme Dieu est partout ! Mais vous baissez la tête ; vous êtes inquiète depuis ce matin.

#### MARIE

Inquiète, non, mais affligée. N'as-tu pas entendu répéter cette fatale histoire de Lorenzo ? Le voilà la fable de Florence.

#### CATHERINE

Ô ma mère ! la lâcheté n'est point un crime, le courage n'est pas une vertu ; pourquoi la faiblesse serait-elle blâmable ? Répondre des battements de son cœur est un triste privilège. Et pourquoi cet enfant n'aurait-il pas le droit que nous avons toutes, nous autres femmes ? Une femme qui n'a peur de rien n'est pas aimable, dit-on.

---

* « Catherine Ginori est belle-sœur de Marie ; elle lui donne le nom de « mère », parce qu'il y a entre elles une différence d'âge très grande ; Catherine n'a guère que vingt-deux ans. » (*Note de Musset*)

MARIE

Aimerais-tu un homme qui a peur ? Tu rougis, Catherine ; Lorenzo est ton neveu, mais figure-toi qu'il s'appelle de tout autre nom, qu'en penserais-tu ? Quelle femme voudrait s'appuyer sur son bras pour monter à cheval ? quel homme lui serrerait la main ?

CATHERINE

Cela est triste, et cependant ce n'est pas de cela que je le plains. Son cœur n'est peut-être pas celui d'un Médicis ; mais, hélas ! c'est encore moins celui d'un honnête
30 homme.

MARIE

N'en parlons pas, Catherine – il est assez cruel pour une mère de ne pouvoir parler de son fils.

CATHERINE

Ah ! cette Florence ! c'est là qu'on l'a perdu ! N'ai-je pas vu briller quelquefois dans ses yeux le feu d'une noble ambition ? Sa jeunesse n'a-t-elle pas été l'aurore d'un soleil levant ? Et souvent encore aujourd'hui il me semble qu'un éclair rapide… Je me dis malgré moi que tout n'est pas mort en lui.

MARIE

Ah ! tout cela est un abîme ! Tant de facilité, un si doux
40 amour de la solitude ! Ce ne sera jamais un guerrier que mon Renzo, disais-je en le voyant rentrer de son collège, avec ses gros livres sous le bras ; mais un saint amour de la vérité brillait sur ses lèvres et dans ses yeux noirs ; il lui fallait s'inquiéter de tout, dire sans cesse : « Celui-là est pauvre, celui-là est ruiné ; comment faire ? » Et cette admiration pour les grands hommes de son Plutarque [1] !

----

1. *Plutarque* : moraliste grec, auteur des *Vies des hommes illustres*, qui connurent un grand succès pendant la Renaissance. On pense que Lorenzo a pu être poussé au meurtre par l'éloge qui y est fait d'Harmodius et Aristogiton, meurtriers du tyran athénien Hipparque (voir note 1, p. 143).

Catherine, Catherine, que de fois je l'ai baisé au front en pensant au père de la patrie [1] !

CATHERINE

Ne vous affligez pas.

MARIE

Je dis que je ne veux pas parler de lui, et j'en parle sans cesse. Il y a de certaines choses, vois-tu, les mères ne se taisent que dans le silence éternel. Que mon fils eût été un débauché vulgaire, que le sang des Soderini eût été pâle dans cette faible goutte tombée de mes veines, je ne me désespérerais pas ; mais j'ai espéré et j'ai eu raison de le faire. Ah ! Catherine, il n'est même plus beau ; comme une fumée malfaisante, la souillure de son cœur lui est montée au visage. Le sourire, ce doux épanouissement qui rend la jeunesse semblable aux fleurs, s'est enfui de ses joues couleur de soufre, pour y laisser grommeler une ironie ignoble et le mépris de tout.

CATHERINE

Il est encore beau quelquefois dans sa mélancolie étrange.

MARIE

Sa naissance ne l'appelait-elle pas au trône ? N'aurait-il pas pu y faire monter un jour avec lui la science d'un docteur, la plus belle jeunesse du monde, et couronner d'un diadème d'or tous mes songes chéris ? Ne devais-je pas m'attendre à cela ? Ah ! Cattina, pour dormir tranquille, il faut n'avoir jamais fait certains rêves. Cela est trop cruel d'avoir vécu dans un palais de fées, où murmuraient les cantiques des anges, de s'y être endormie, bercée par son fils, et de se réveiller dans une masure ensanglantée, pleine de débris d'orgie et de restes humains, dans les bras d'un spectre hideux qui vous tue en vous appelant encore du nom de mère.

---

1. Côme l'Ancien (1389-1464), arrière-grand-oncle de Lorenzo, premier grand Médicis, était surnommé le « père de la patrie ».

CATHERINE

Des ombres silencieuses commencent à marcher sur la route. Rentrons, Marie, tous ces bannis me font peur.

MARIE

Pauvres gens ! ils ne doivent que faire pitié ! Ah ! ne puis-je voir un seul objet qu'il ne m'entre une épine dans
80 le cœur ? Ne puis-je plus ouvrir les yeux ? Hélas ! ma Cattina, ceci est encore l'ouvrage de Lorenzo. Tous ces pauvres bourgeois [1] ont eu confiance en lui ; il n'en est pas un parmi tous ces pères de famille chassés de leur patrie, que mon fils n'ait trahi. Leurs lettres, signées de leurs noms, sont montrées au duc. C'est ainsi qu'il fait tourner à un infâme usage jusqu'à la glorieuse mémoire de ses aïeux. Les républicains s'adressent à lui comme à l'antique rejeton de leur protecteur ; sa maison leur est ouverte, les Strozzi eux-mêmes y viennent. Pauvre
90 Philippe ! il y aura une triste fin pour tes cheveux gris ! Ah ! ne puis-je voir une fille sans pudeur, un malheureux privé de sa famille, sans que tout cela ne me crie : Tu es la mère de nos malheurs ! Quand serai-je là ?

*Elle frappe la terre.*

CATHERINE

Ma pauvre mère, vos larmes se gagnent.

*Elles s'éloignent. – Le soleil est couché. – Un groupe de bannis se forme au milieu d'un champ.*

UN DES BANNIS

Où allez-vous ?

UN AUTRE

100 À Pise ; et vous ?

LE PREMIER

À Rome.

---

1. *Bourgeois* : à entendre ici au sens de « citoyen » (habitant du bourg), sans distinction de classe sociale.

UN AUTRE

Et moi à Venise ; en voilà deux qui vont à Ferrare. Que deviendrons-nous ainsi éloignés les uns des autres ?

UN QUATRIÈME

Adieu, voisin, à des temps meilleurs.

*Il s'en va.*

LE SECOND

Adieu ; pour nous, nous pouvons aller ensemble jusqu'à la croix de la Vierge.

*Il sort avec un autre.*
*Arrive Maffio.*

LE PREMIER BANNI

C'est toi, Maffio ? par quel hasard es-tu ici ?          110

MAFFIO

Je suis des vôtres. Vous saurez que le duc a enlevé ma sœur. J'ai tiré l'épée ; une espèce de tigre avec des membres de fer s'est jeté à mon cou et m'a désarmé. Après quoi j'ai reçu l'ordre de sortir de la ville, et une bourse à moitié pleine de ducats.

LE SECOND BANNI

Et ta sœur, où est-elle ?

MAFFIO

On me l'a montrée ce soir sortant du spectacle dans une robe comme n'en a pas l'impératrice ; que Dieu lui pardonne ! Une vieille l'accompagnait, qui a laissé trois de ses dents à la sortie. Jamais je n'ai donné de ma vie un  120 coup de poing qui m'ait fait ce plaisir-là.

LE TROISIÈME BANNI

Qu'ils crèvent tous dans leur fange crapuleuse, et nous mourrons contents.

LE QUATRIÈME

Philippe Strozzi nous écrira à Venise ; quelque jour nous serons tout étonnés de trouver une armée à nos ordres.

### LE TROISIÈME

Que Philippe vive longtemps ! tant qu'il y aura un cheveu sur sa tête, la liberté de l'Italie n'est pas morte.

*Une partie du groupe se détache ; tous les bannis s'embrassent.*

### UNE VOIX

130 À des temps meilleurs.

### UNE AUTRE

À des temps meilleurs.

*Deux bannis montent sur une plate-forme d'où l'on découvre la ville.*

### LE PREMIER

Adieu, Florence, peste de l'Italie ; adieu, mère stérile, qui n'as plus de lait pour tes enfants.

### LE SECOND

Adieu, Florence la bâtarde, spectre hideux de l'antique Florence ; adieu, fange sans nom.

### TOUS LES BANNIS

Adieu, Florence ! maudites soient les mamelles de tes femmes ! maudits soient tes sanglots ! maudites les prières 140 de tes églises, le pain de tes blés, l'air de tes rues ! Malédiction sur la dernière goutte de ton sang corrompu !

# ACTE II

*Chez les Strozzi.*
PHILIPPE, *dans son cabinet.*

#### PHILIPPE

Dix citoyens bannis dans ce quartier-ci seulement ! le
vieux Galeazzo et le petit Maffio bannis, sa sœur corrompue, devenue une fille publique en une nuit ! Pauvre
petite ! Quand l'éducation des basses classes sera-t-elle
assez forte pour empêcher les petites filles de rire lorsque
leurs parents pleurent ! La corruption est-elle donc une loi
de nature ? Ce qu'on appelle la vertu, est-ce donc l'habit
du dimanche qu'on met pour aller à la messe ? Le reste de
la semaine, on est à la croisée ¹, et, tout en tricotant, on
regarde les jeunes gens passer. Pauvre humanité ! quel      10
nom portes-tu donc ? celui de ta race, ou celui de ton
baptême ² ? Et nous autres vieux rêveurs, quelle tache ori-
ginelle avons-nous lavée sur la face humaine depuis quatre
ou cinq mille ans que nous jaunissons avec nos livres ?
Qu'il t'est facile à toi, dans le silence du cabinet, de tracer
d'une main légère une ligne mince et pure comme un
cheveu sur ce papier blanc ! qu'il t'est facile de bâtir des
palais et des villes avec ce petit compas et un peu d'encre !
Mais l'architecte qui a dans son pupitre des milliers de
plans admirables ne peut soulever de terre le premier pavé  20
de son édifice, quand il vient se mettre à l'ouvrage avec

---

1. À *la croisée* : à la fenêtre.
2. Question théologique : l'humanité est-elle à jamais salie par le péché
originel de sa race, ou purifiée par le baptême qui lui donne un « nom » ?

son dos voûté et ses idées obstinées. Que le bonheur des hommes ne soit qu'un rêve, cela est pourtant dur ; que le mal soit irrévocable, éternel, impossible à changer… non ! Pourquoi le philosophe qui travaille pour tous regarde-t-il autour de lui ? voilà le tort. Le moindre insecte qui passe devant ses yeux lui cache le soleil. Allons-y donc plus hardiment ! la république, il nous faut ce mot-là. Et quand ce ne serait qu'un mot, c'est quelque chose, puisque les
30 peuples se lèvent quand il traverse l'air… Ah ! bonjour, Léon.

*Entre le prieur de Capoue.*

LE PRIEUR

Je viens de la foire de Montolivet.

PHILIPPE

Était-ce beau ? Te voilà aussi, Pierre ? Assieds-toi donc, j'ai à te parler.

*Entre Pierre Strozzi.*

LE PRIEUR

C'était très beau, et je me suis assez amusé, sauf certaine contrariété un peu trop forte que j'ai quelque peine à digérer.

PIERRE

40 Bah ! qu'est-ce donc ?

LE PRIEUR

Figurez-vous que j'étais entré dans une boutique pour prendre un verre de limonade… Mais non, cela est inutile… je suis un sot de m'en souvenir.

PHILIPPE

Que diable as-tu sur le cœur ? tu parles comme une âme en peine.

LE PRIEUR

Ce n'est rien, un méchant propos, rien de plus. Il n'y a aucune importance à attacher à tout cela.

PIERRE

Un propos ? sur qui ? sur toi ?

LE PRIEUR

Non pas sur moi précisément. Je me soucierais bien d'un propos sur moi.

50

PIERRE

Sur qui donc ? Allons, parle, si tu veux.

LE PRIEUR

J'ai tort ; on ne se souvient pas de ces choses-là quand on sait la différence d'un honnête homme à un Salviati.

PIERRE

Salviati ? Qu'a dit cette canaille ?

LE PRIEUR

C'est un misérable, tu as raison. Qu'importe ce qu'il peut dire ? Un homme sans pudeur, un valet de cour, qui, à ce qu'on raconte, a pour femme la plus grande dévergondée [1] ! Allons, voilà qui est fait, je n'y penserai pas davantage.

PIERRE

Penses-y et parle, Léon ; c'est-à-dire que cela me démange de lui couper les oreilles. De qui a-t-il médit ? De nous ? de mon père ? Ah ! sang du Christ, je ne l'aime guère, ce Salviati. Il faut que je sache cela, entends-tu ?

60

LE PRIEUR

Si tu y tiens, je te le dirai. Il s'est exprimé devant moi, dans une boutique, d'une manière vraiment offensante sur le compte de notre sœur.

PIERRE

Ô mon Dieu ! Dans quels termes ? Allons, parle donc !

---

1. Voir note 1, p. 69.

LE PRIEUR

Dans les termes les plus grossiers.

PIERRE

Diable de prêtre que tu es ! tu me vois hors de moi
70 d'impatience, et tu cherches tes mots ! Dis les choses
comme elles sont, parbleu ! un mot est un mot ; il n'y a pas
de bon Dieu qui tienne.

PHILIPPE

Pierre, Pierre ! tu manques [1] à ton frère.

LE PRIEUR

Il a dit qu'il coucherait avec elle, voilà son mot, et
qu'elle le lui avait promis.

PIERRE

Qu'elle couch… Ah ! mort de mort, de mille morts !
Quelle heure est-il ?

PHILIPPE

Où vas-tu ? Allons, es-tu fait de salpêtre [2] ? Qu'as-tu à
faire de cette épée ? tu en as une au côté [3].

PIERRE

80 Je n'ai rien à faire ; allons dîner, le dîner est servi.

*Ils sortent.*

---

1. *Manquer à quelqu'un* : négliger les égards qui lui sont dus.
2. *Salpêtre* : poudre explosive. La métaphore indique le tempérament
éruptif de Pierre.
3. Cette indication suppose un jeu de scène : Pierre s'est emparé d'une
épée, alors qu'il en a déjà une.

*SCÈNE II*

*Le portail d'une église.*
*Entrent* LORENZO *et* VALORI.

VALORI

Comment se fait-il que le duc n'y vienne pas ? Ah ! monsieur, quelle satisfaction pour un chrétien que ces pompes magnifiques de l'Église romaine ! Quel homme pourrait y être insensible ? L'artiste ne trouve-t-il pas là le paradis de son cœur ? Le guerrier, le prêtre et le marchand n'y rencontrent-ils pas tout ce qu'ils aiment ? Cette admirable harmonie des orgues, ces tentures éclatantes de velours et de tapisseries, ces tableaux des premiers maîtres, les parfums tièdes et suaves que balancent les encensoirs, et les chants délicieux de ces voix argentines, 10 tout cela peut choquer, par son ensemble mondain, le moine sévère et ennemi du plaisir. Mais rien n'est plus beau, selon moi, qu'une religion qui se fait aimer par de pareils moyens [1]. Pourquoi les prêtres voudraient-ils servir un Dieu jaloux ? La religion n'est pas un oiseau de proie ; c'est une colombe compatissante qui plane doucement sur tous les rêves et sur tous les amours [2].

LORENZO

Sans doute ; ce que vous dites là est parfaitement vrai et parfaitement faux, comme tout au monde.

TEBALDEO FRECCIA, *s'approchant de Valori*

Ah ! Monseigneur, qu'il est doux de voir un homme tel 20 que Votre Éminence parler ainsi de la tolérance et de l'enthousiasme sacré ! Pardonnez à un citoyen obscur, qui

---

1. Cet éloge de la pompe du culte catholique s'inscrit dans la ligne de la Contre-Réforme, mouvement dont Paul III fut le premier pape. Musset vise entre les lignes le *Génie du christianisme* (1802) de Chateaubriand (et notamment la IVe partie, livre I, « Églises, ornements, chants, prières, solennités, etc. »). Il ironise sur la croyance de Chateaubriand en la fusion de l'art et de la religion.
2. L'envoyé du pape fait du chantage : si le duc veut bien donner l'exemple en allant à la messe, on fermera les yeux sur son libertinage et celui de son entourage.

brûle de ce feu divin, de vous remercier de ce peu de paroles que je viens d'entendre. Trouver sur les lèvres d'un honnête homme ce qu'on a soi-même dans le cœur, c'est le plus grand des bonheurs qu'on puisse désirer.

VALORI

N'êtes-vous pas le petit Freccia ?

TEBALDEO

Mes ouvrages ont peu de mérite ; je sais mieux aimer les arts que je ne sais les exercer. Ma jeunesse tout entière
30 s'est passée dans les églises. Il me semble que je ne puis admirer ailleurs Raphaël et notre divin Buonarotti [1]. Je demeure alors durant des journées devant leurs ouvrages, dans une extase sans égale. Le chant de l'orgue me révèle leur pensée, et me fait pénétrer dans leur âme ; je regarde les personnages de leurs tableaux si saintement agenouillés, et j'écoute, comme si les cantiques du chœur sortaient de leurs bouches entrouvertes. Des bouffées d'encens aromatique passent entre eux et moi dans une vapeur légère. Je crois y voir la gloire de l'artiste ; c'est
40 aussi une triste et douce fumée, et qui ne serait qu'un parfum stérile, si elle ne montait à Dieu.

VALORI

Vous êtes un vrai cœur d'artiste ; venez à mon palais, et ayez quelque chose sous votre manteau quand vous y viendrez. Je veux que vous travailliez pour moi.

TEBALDEO

C'est trop d'honneur que me fait Votre Éminence. Je suis un desservant bien humble de la sainte religion de la peinture.

LORENZO

Pourquoi remettre vos offres de service ? Vous avez, il me semble, un cadre dans les mains.

---

1. Raphaël (1483-1520) travailla à Pérouse et à Florence avant de prendre ses fonctions au Vatican. Michel-Ange Buonarotti (1475-1564) a exécuté de nombreuses œuvres à Florence, notamment le tombeau des Médicis.

TEBALDEO

Il est vrai ; mais je n'ose le montrer à de si grands 50
connaisseurs. C'est une esquisse bien pauvre d'un rêve
magnifique.

LORENZO

Vous faites le portrait de vos rêves ? Je ferai poser pour
vous quelques-uns des miens.

TEBALDEO

Réaliser des rêves, voilà la vie du peintre. Les plus
grands ont représenté les leurs dans toute leur force, et
sans y rien changer. Leur imagination était un arbre plein
de sève ; les bourgeons s'y métamorphosaient sans peine
en fleurs, et les fleurs en fruits ; bientôt ces fruits mûris-
saient à un soleil bienfaisant, et, quand ils étaient mûrs, ils 60
se détachaient d'eux-mêmes et tombaient sur la terre, sans
perdre un seul grain de leur poussière virginale. Hélas ! les
rêves des artistes médiocres sont des plantes difficiles à
nourrir, et qu'on arrose de larmes bien amères pour les
faire bien peu prospérer.

*Il montre son tableau.*

VALORI

Sans compliment, cela est beau, – non pas du premier
mérite, il est vrai – pourquoi flatterais-je un homme qui ne
se flatte pas lui-même ? Mais votre barbe n'est pas encore
poussée, jeune homme. 70

LORENZO

Est-ce un paysage ou un portrait ? De quel côté faut-il
le regarder, en long ou en large ?

TEBALDEO

Votre Seigneurie se rit de moi. C'est la vue du Campo
Santo [1].

---

1. Le cimetière de Florence.

LORENZO

Combien y a-t-il d'ici à l'immortalité ?

VALORI

Il est mal à vous de plaisanter cet enfant. Voyez comme ses grands yeux s'attristent à chacune de vos paroles.

TEBALDEO

L'immortalité, c'est la foi. Ceux à qui Dieu a donné des ailes y arrivent en souriant.

VALORI

80    Tu parles comme un élève de Raphaël.

TEBALDEO

Seigneur, c'était mon maître. Ce que j'ai appris vient de lui.

LORENZO

Viens chez moi, je te ferai peindre la Mazzafirra [1] toute nue.

TEBALDEO

Je ne respecte point mon pinceau, mais je respecte mon art. Je ne puis faire le portrait d'une courtisane.

LORENZO

Ton Dieu s'est bien donné la peine de la faire ; tu peux bien te donner celle de la peindre. Veux-tu me faire une vue de Florence ?

TEBALDEO

90    Oui, monseigneur.

LORENZO

Comment t'y prendrais-tu ?

---

1. Célèbre courtisane (1577-1621) : Musset commet ici un anachronisme.

TEBALDEO

Je me placerais à l'orient, sur la rive gauche de l'Arno. C'est de cet endroit que la perspective est la plus large et la plus agréable.

LORENZO

Tu peindrais Florence, les places, les maisons et les rues ?

TEBALDEO

Oui, monseigneur.

LORENZO

Pourquoi donc ne peux-tu peindre une courtisane, si tu peux peindre un mauvais lieu ?

TEBALDEO

On ne m'a point encore appris à parler ainsi de ma 100 mère.

LORENZO

Qu'appelles-tu ta mère ?

TEBALDEO

Florence, seigneur.

LORENZO

Alors, tu n'es qu'un bâtard, car ta mère n'est qu'une catin.

TEBALDEO

Une blessure sanglante peut engendrer la corruption dans le corps le plus sain. Mais des gouttes précieuses du sang de ma mère sort une plante odorante qui guérit tous les maux. L'art, cette fleur divine, a quelquefois besoin du fumier pour engraisser le sol et le féconder. 110

LORENZO

Comment entends-tu ceci ?

TEBALDEO

Les nations paisibles et heureuses ont quelquefois brillé d'une clarté pure, mais faible. Il y a plusieurs cordes à la harpe des anges ; le zéphyr peut murmurer sur les plus faibles, et tirer de leur accord une harmonie suave et délicieuse ; mais la corde d'argent ne s'ébranle qu'au passage du vent du nord. C'est la plus belle et la plus noble ; et cependant le toucher d'une rude main lui est favorable. L'enthousiasme est frère de la souffrance.

LORENZO

120 C'est-à-dire qu'un peuple malheureux fait les grands artistes. Je me ferais volontiers l'alchimiste de ton alambic ; les larmes des peuples y retombent en perles. Par la mort du diable ! tu me plais. Les familles peuvent se désoler, les nations mourir de misère, cela échauffe la cervelle de monsieur. Admirable poète ! comment arranges-tu tout cela avec ta piété ?

TEBALDEO

Je ne ris point du malheur des familles ; je dis que la poésie est la plus douce des souffrances, et qu'elle aime ses sœurs. Je plains les peuples malheureux, mais je crois 130 en effet qu'ils font les grands artistes. Les champs de bataille font pousser les moissons, les terres corrompues engendrent le blé céleste [1].

LORENZO

Ton pourpoint est usé ; en veux-tu un à ma livrée ?

TEBALDEO

Je n'appartiens à personne. Quand la pensée veut être libre, le corps doit l'être aussi.

LORENZO

J'ai envie de dire à mon valet de chambre de te donner des coups de bâton.

---

1. On retrouve ici les thèses des penseurs *ultra* Bonald et Joseph de Maistre.

TEBALDEO

Pourquoi, monseigneur ?

LORENZO

Parce que cela me passe par la tête. Es-tu boiteux de
naissance ou par accident ?                                       140

TEBALDEO

Je ne suis pas boiteux ; que voulez-vous dire par là ?

LORENZO

Tu es boiteux ou tu es fou.

TEBALDEO

Pourquoi, monseigneur ? Vous vous riez de moi.

LORENZO

Si tu n'étais pas boiteux, comment resterais-tu, à moins
d'être fou, dans une ville où, en l'honneur de tes idées de
liberté, le premier valet d'un Médicis peut t'assommer
sans qu'on y trouve à redire ?

TEBALDEO

J'aime ma mère Florence ; c'est pourquoi je reste chez
elle. Je sais qu'un citoyen peut être assassiné en plein jour
et en pleine rue, selon le caprice de ceux qui la            150
gouvernent ; c'est pourquoi je porte ce stylet à ma cein-
ture.

LORENZO

Frapperais-tu le duc si le duc te frappait, comme il lui
est arrivé souvent de commettre, par partie de plaisir, des
meurtres facétieux ?

TEBALDEO

Je le tuerais, s'il m'attaquait.

LORENZO

Tu me dis cela, à moi ?

TEBALDEO

Pourquoi m'en voudrait-on ? je ne fais de mal à personne. Je passe les journées à l'atelier. Le dimanche, je
160 vais à l'Annonciade ou à Sainte-Marie [1] ; les moines trou-
vent que j'ai de la voix ; ils me mettent une robe blanche
et une calotte rouge, et je fais ma partie dans les chœurs,
quelquefois un petit solo : ce sont les seules occasions où
je vais en public. Le soir, je vais chez ma maîtresse, et
quand la nuit est belle, je la passe sur son balcon. Personne
ne me connaît, et je ne connais personne ; à qui ma vie ou
ma mort peut-elle être utile ?

LORENZO

Es-tu républicain ? aimes-tu les princes ?

TEBALDEO

Je suis artiste ; j'aime ma mère et ma maîtresse.

LORENZO

170   Viens demain à mon palais, je veux te faire faire un
tableau d'importance pour le jour de mes noces.

*Ils sortent.*

SCÈNE III

*Chez la marquise Cibo.*
LE CARDINAL, *seul.*

LE CARDINAL

Oui, je suivrai tes ordres, Farnèse * ! Que ton commissaire apostolique [2] s'enferme avec sa probité dans le cercle
étroit de son office, je remuerai d'une main ferme la terre
glissante sur laquelle il n'ose marcher. Tu attends cela de
moi, je l'ai compris, et j'agirai sans parler, comme tu as

1. Églises de Florence.
* « Le pape Paul III. » (*Note de Musset*)
2. Valori.

commandé. Tu as deviné qui j'étais, lorsque tu m'as placé auprès d'Alexandre sans me revêtir d'aucun titre qui me donnât quelque pouvoir sur lui. C'est d'un autre qu'il se défiera, en m'obéissant à son insu. Qu'il épuise sa force contre des ombres d'hommes gonflés d'une ombre de 10 puissance, je serai l'anneau invisible qui l'attachera, pieds et poings liés, à la chaîne de fer dont Rome et César tiennent les deux bouts. Si mes yeux ne me trompent pas, c'est dans cette maison qu'est le marteau dont je me servirai. Alexandre aime ma belle-sœur ; que cet amour l'ait flattée, cela est croyable ; ce qui peut en résulter est douteux ; mais ce qu'elle en veut faire, c'est là ce qui est certain pour moi. Qui sait jusqu'où pourrait aller l'influence d'une femme exaltée, même sur cet homme grossier, sur cette armure vivante ? Un si doux péché pour une si belle cause, 20 cela est tentant, n'est-il pas vrai, Ricciarda ? Presser ce cœur de lion sur ton faible cœur tout percé de flèches sanglantes, comme celui de saint Sébastien [1] ; parler, les yeux en pleurs, des malheurs de la patrie, pendant que le tyran adoré passera ses rudes mains dans ta chevelure dénouée ; faire jaillir d'un rocher l'étincelle sacrée, cela valait bien le petit sacrifice de l'honneur conjugal, et de quelques autres bagatelles. Florence y gagnerait tant, et ces bons maris n'y perdent rien ! Mais il ne fallait pas me prendre pour confesseur. 30

La voici qui s'avance, son livre de prières à la main. Aujourd'hui donc tout va s'éclaircir – laisse seulement tomber ton secret dans l'oreille du prêtre ; le courtisan pourra bien en profiter, mais, en conscience, il n'en dira rien.

*Entre la marquise.*

LE CARDINAL, *s'asseyant*

Me voilà prêt.

*La marquise s'agenouille auprès de lui sur son prie-Dieu.*

---

1. Le martyre de saint Sébastien, percé de flèches par les archers de Dioclétien, est souvent représenté à la Renaissance.

LA MARQUISE

40   Bénissez-moi, mon père, parce que j'ai péché.

LE CARDINAL

Avez-vous dit votre *Confiteor* [1] ? Nous pouvons commencer, marquise.

LA MARQUISE

Je m'accuse de mouvements de colère, de doutes irréligieux et injurieux pour notre Saint-Père le pape.

LE CARDINAL

Continuez.

LA MARQUISE

J'ai dit hier, dans une assemblée, à propos de l'évêque de Fano [2], que la sainte Église catholique était un lieu de débauche.

LE CARDINAL

Continuez.

LA MARQUISE

50   J'ai écouté des discours contraires à la fidélité que j'ai jurée à mon mari.

LE CARDINAL

Qui vous a tenu ces discours ?

LA MARQUISE

J'ai lu une lettre écrite dans la même pensée.

LE CARDINAL

Qui vous a écrit cette lettre ?

LA MARQUISE

Je m'accuse de ce que j'ai fait, et non de ce qu'ont fait les autres.

---

1. *Confiteor* : prière précédant la confession.
2. Voir note 2, p. 58.

LE CARDINAL

Ma fille, vous devez me répondre, si vous voulez que je puisse vous donner l'absolution en toute sécurité. Avant tout, dites-moi si vous avez répondu à cette lettre.

LA MARQUISE

J'y ai répondu de vive voix, mais non par écrit.                    60

LE CARDINAL

Qu'avez-vous répondu ?

LA MARQUISE

J'ai accordé à la personne qui m'avait écrit la permission de me voir comme elle le demandait.

LE CARDINAL

Comment s'est passée cette entrevue ?

LA MARQUISE

Je me suis accusée déjà d'avoir écouté des discours contraires à mon honneur.

LE CARDINAL

Comment y avez-vous répondu ?

LA MARQUISE

Comme il convient à une femme qui se respecte.

LE CARDINAL

N'avez-vous point laissé entrevoir qu'on finirait par vous persuader ?                    70

LA MARQUISE

Non, mon père.

LE CARDINAL

Avez-vous annoncé à la personne dont il s'agit la résolution de ne plus écouter de semblables discours à l'avenir ?

LA MARQUISE

Oui, mon père.

LE CARDINAL

Cette personne vous plaît-elle ?

LA MARQUISE

Mon cœur n'en sait rien, j'espère.

LE CARDINAL

Avez-vous averti votre mari ?

LA MARQUISE

Non, mon père. Une honnête femme ne doit point trou-
80 bler son ménage par des récits de cette sorte.

LE CARDINAL

Ne me cachez-vous rien ? Ne s'est-il rien passé entre vous
et la personne dont il s'agit, que vous hésitiez à me confier ?

LA MARQUISE

Rien, mon père.

LE CARDINAL

Pas un regard tendre ? pas un baiser pris à la dérobée ?

LA MARQUISE

Non, mon père.

LE CARDINAL

Cela est-il sûr, ma fille ?

LA MARQUISE

Mon beau-frère, il me semble que je n'ai pas l'habitude
de mentir devant Dieu.

LE CARDINAL

Vous avez refusé de me dire le nom que je vous ai
90 demandé tout à l'heure ; je ne puis cependant vous donner
l'absolution sans le savoir.

LA MARQUISE

Pourquoi cela ? Lire une lettre peut être un péché, mais non pas lire une signature. Qu'importe le nom à la chose ?

LE CARDINAL

Il importe plus que vous ne pensez.

LA MARQUISE

Malaspina, vous en voulez trop savoir. Refusez-moi l'absolution, si vous voulez ; je prendrai pour confesseur le premier prêtre venu, qui me la donnera [1].

*Elle se lève.*

LE CARDINAL

Quelle violence, marquise ! Est-ce que je ne sais pas que c'est du duc que vous voulez parler ?                    100

LA MARQUISE

Du duc ! – Eh bien ! si vous le savez, pourquoi voulez-vous me le faire dire ?

LE CARDINAL

Pourquoi refusez-vous de le dire ? Cela m'étonne.

LA MARQUISE

Et qu'en voulez-vous faire, vous, mon confesseur ? Est-ce pour le répéter à mon mari que vous tenez si fort à l'entendre ? Oui, cela est bien certain ; c'est un tort que d'avoir pour confesseur un de ses parents. Le ciel m'est témoin qu'en m'agenouillant devant vous, j'oublie que je suis votre belle-sœur ; mais vous prenez soin de me le rappeler. Prenez garde, Cibo, prenez garde à votre salut  110 éternel, tout cardinal que vous êtes.

---

1. Selon Simon Jeune, éditeur du *Théâtre* de Musset dans la Pléiade, Musset s'est peut-être inspiré d'une scène comique de la pièce *Le Ciel et l'Enfer*, dans *Le Théâtre de Clara Gazul* de Mérimée (1825), où Fray Bartolomé, sous couvert de confession, soumet Doña Urraca à un interrogatoire abusif aux arrière-pensées politiques. La scène relève de l'anticléricalisme, puissant chez les libéraux contemporains de Musset.

LE CARDINAL

Revenez donc à cette place, marquise ; il n'y a pas tant de mal que vous croyez.

LA MARQUISE

Que voulez-vous dire ?

LE CARDINAL

Qu'un confesseur doit tout savoir, parce qu'il peut tout diriger, et qu'un beau-frère ne doit rien dire, à certaines conditions.

LA MARQUISE

Quelles conditions ?

LE CARDINAL

Non, non, je me trompe ; ce n'était pas ce mot-là que je
120 voulais employer. Je voulais dire que le duc est puissant, qu'une rupture avec lui peut nuire aux plus riches familles ; mais qu'un secret d'importance entre des mains expérimentées peut devenir une source de biens abondante.

LA MARQUISE

Une source de biens ! – des mains expérimentées ! – Je reste là, en vérité, comme une statue. Que couves-tu, prêtre, sous ces paroles ambiguës ? Il y a certains assemblages de mots qui passent par instants sur vos lèvres, à vous autres ; on ne sait qu'en penser.

LE CARDINAL

130 Revenez donc vous asseoir là, Ricciarda. Je ne vous ai point encore donné l'absolution.

LA MARQUISE

Parlez toujours ; il n'est pas prouvé que j'en veuille.

LE CARDINAL, *se levant*

Prenez garde à vous, marquise ! Quand on veut me braver en face, il faut avoir une armure solide et sans défaut ; je ne veux point menacer, je n'ai qu'un mot à vous dire : prenez un autre confesseur.

*Il sort.*

LA MARQUISE, *seule*

Cela est inouï. S'en aller en serrant les poings, les yeux enflammés de colère ! Parler de mains expérimentées, de direction à donner à certaines choses ! Eh ! mais qu'y a-t-il donc ? Qu'il voulût pénétrer mon secret pour en informer mon mari, je le conçois ; mais, si ce n'est pas là son but, que veut-il donc faire de moi ? La maîtresse du duc ? Tout savoir, dit-il, et tout diriger ! – Cela n'est pas possible ! – Il y a quelque autre mystère plus sombre et plus inexplicable là-dessous ; Cibo ne ferait pas un pareil métier. Non ! cela est sûr ; je le connais. C'est bon pour un Lorenzaccio ; mais lui il faut qu'il ait quelque sourde pensée, plus vaste que cela et plus profonde. Ah ! comme les hommes sortent d'eux-mêmes tout à coup après dix ans de silence ! Cela est effrayant.

Maintenant, que ferai-je ? Est-ce que j'aime Alexandre ? Non, je ne l'aime pas, non, assurément ; j'ai dit que non dans ma confession, et je n'ai pas menti. Pourquoi Laurent est-il à Massa ? Pourquoi le duc me presse-t-il ? Pourquoi ai-je répondu que je ne voulais plus le voir ? pourquoi ? – Ah ! pourquoi y a-t-il dans tout cela un aimant, un charme inexplicable qui m'attire ? *(Elle ouvre sa fenêtre.)*

Que tu es belle, Florence, mais que tu es triste ! Il y a là plus d'une maison où Alexandre est entré la nuit, couvert de son manteau ; c'est un libertin, je le sais. – Et pourquoi est-ce que tu te mêles à tout cela, toi, Florence ? Qui est-ce donc que j'aime ? Est-ce toi ? Est-ce lui ?

AGNOLO, *entrant*

Madame, Son Altesse vient d'entrer dans la cour.

LA MARQUISE

Cela est singulier ; ce Malaspina m'a laissée toute tremblante.

*SCÈNE IV*

*Au palais des Soderini.*
MARIE SODERINI, CATHERINE, LORENZO, *assis.*

CATHERINE, *tenant un livre*

Quelle histoire vous lirai-je, ma mère ?

MARIE

Ma Cattina se moque de sa pauvre mère. Est-ce que je comprends rien à tes livres latins ?

CATHERINE

Celui-ci n'est point en latin, mais il en est traduit. C'est l'histoire romaine.

LORENZO

Je suis très fort sur l'histoire romaine. Il y avait une fois un jeune gentilhomme nommé Tarquin le fils [1].

CATHERINE

Ah ! c'est une histoire de sang.

LORENZO

Pas du tout ; c'est un conte de fées. Brutus était un fou,
10  un monomane, et rien de plus. Tarquin était un duc plein de sagesse, qui allait voir en pantoufles si les petites filles dormaient bien.

CATHERINE

Dites-vous aussi du mal de Lucrèce ?

---

1. Sextus Tarquin, fils de Tarquin le Superbe, roi de Rome, viola une femme mariée, Lucrèce, qui se suicida de honte. Brutus, dont Tarquin le Superbe avait massacré la famille, simulant la folie pour écarter les soupçons, attendait son heure. Il profita de ce scandale pour aider le mari de Lucrèce à soulever le peuple (509 av. J.-C.), chassa les Tarquins et fit proclamer la République romaine. Cette histoire est racontée par Tite-Live dans son *Histoire de Rome*, livre I, chap. LVIII-LIX.

LORENZO

Elle s'est donné le plaisir du péché et la gloire du trépas.
Elle s'est laissé prendre toute vive comme une alouette au
piège, et puis elle s'est fourré bien gentiment son petit
couteau dans le ventre.

MARIE

Si vous méprisez les femmes, pourquoi affectez-vous de
les rabaisser devant votre mère et votre sœur [1] ?

LORENZO

Je vous estime, vous et elle. Hors de là, le monde me fait
horreur.

MARIE

Sais-tu le rêve que j'ai eu cette nuit, mon enfant ?

LORENZO

Quel rêve ?

MARIE

Ce n'était point un rêve, car je ne dormais pas. J'étais
seule dans cette grande salle ; ma lampe était loin de moi,
sur cette table auprès de la fenêtre. Je songeais aux jours
où j'étais heureuse, aux jours de ton enfance, mon
Lorenzino. Je regardais cette nuit obscure, et je me disais :
il ne rentrera qu'au jour, lui qui passait autrefois les nuits
à travailler. Mes yeux se remplissaient de larmes, et je
secouais la tête en les sentant couler. J'ai entendu tout
d'un coup marcher lentement dans la galerie ; je me suis
retournée ; un homme vêtu de noir venait à moi, un livre
sous le bras – c'était toi, Renzo : « Comme tu reviens de
bonne heure ! » me suis-je écriée. Mais le spectre s'est
assis auprès de la lampe sans me répondre ; il a ouvert son
livre, et j'ai reconnu mon Lorenzino d'autrefois.

LORENZO

Vous l'avez vu ?

---

1. Catherine, qui appelle Marie sa « mère » (voir p 71), est la tante de
Lorenzo, mais a l'âge d'être sa sœur.

MARIE

Comme je te vois.

LORENZO

40  Quand s'est-il en allé ?

MARIE

Quand tu as tiré la cloche ce matin en rentrant.

LORENZO

Mon spectre, à moi ! Et il s'en est allé quand je suis rentré ?

MARIE

Il s'est levé d'un air mélancolique, et s'est effacé comme une vapeur du matin.

LORENZO

Catherine, Catherine, lis-moi l'histoire de Brutus.

CATHERINE

Qu'avez-vous ? vous tremblez de la tête aux pieds.

LORENZO

Ma mère, asseyez-vous ce soir à la place où vous étiez cette nuit, et si mon spectre revient, dites-lui qu'il verra
50  bientôt quelque chose qui l'étonnera [1].

---

1. Musset était sujet aux hallucinations. Lors d'une promenade à Fontainebleau en 1833, il avait été victime d'un phénomène d'autoscopie qui l'avait puissamment impressionné, et dont on retrouvera la trace en 1835 dans *La Nuit de décembre*. George Sand retranscrit plus tard sous forme romanesque cette expérience : « Il avait vu passer devant lui, sur la bruyère, un homme qui courait, pâle, les vêtements déchirés, et les cheveux au vent », qui lui lança « un regard hébété, hideux », et lui fit « une laide grimace de haine et de mépris ». Musset se reconnut : c'était lui-même, « avec vingt ans de plus, des traits creusés par la débauche ou la maladie, des yeux effarés, une bouche abrutie » (*Elle et lui*, chapitre V). Dans *Lorenzaccio*, c'est un phénomène inverse qui se produit : il ne s'agit pas d'autoscopie, puisque c'est Marie qui voit le double de son fils, et le spectre n'est pas une image prospective dégradée de l'être, mais le souvenir de sa jeunesse intègre.

*On frappe.*

CATHERINE

C'est mon oncle Bindo et Baptista Venturi.

*Entrent Bindo et Venturi.*

BINDO, *bas à Marie*

Je viens tenter un dernier effort.

MARIE

Nous vous laissons ; puissiez-vous réussir !

*Elle sort avec Catherine.*

BINDO

Lorenzo, pourquoi ne démens-tu pas l'histoire scandaleuse qui court sur ton compte ?

LORENZO

Quelle histoire ?

BINDO

On dit que tu t'es évanoui à la vue d'une épée.          60

LORENZO

Le croyez-vous, mon oncle ?

BINDO

Je t'ai vu faire des armes à Rome ; mais cela ne m'étonnerait pas que tu devinsses plus vil qu'un chien, au métier que tu fais ici.

LORENZO

L'histoire est vraie, je me suis évanoui. Bonjour, Venturi. À quel taux sont vos marchandises ? comment va le commerce ?

VENTURI

Seigneur, je suis à la tête d'une fabrique de soie ; mais c'est me faire injure que de m'appeler marchand [1].

LORENZO

70   C'est vrai. Je voulais dire seulement que vous aviez contracté au collège l'habitude innocente de vendre de la soie.

BINDO

J'ai confié au seigneur Venturi les projets qui occupent en ce moment tant de familles à Florence. C'est un digne ami de la liberté, et j'entends, Lorenzo, que vous le traitiez comme tel. Le temps de plaisanter est passé. Vous nous avez dit quelquefois que cette confiance extrême que le duc vous témoigne n'était qu'un piège de votre part. Cela est-il vrai ou faux ? Êtes-vous des nôtres, ou n'en êtes-
80   vous pas ? voilà ce qu'il nous faut savoir. Toutes les grandes familles voient bien que le despotisme des Médicis n'est ni juste ni tolérable. De quel droit laisse-rions-nous s'élever paisiblement cette maison orgueilleuse sur les ruines de nos privilèges [2] ? La capitulation n'est point observée [3]. La puissance de l'Allemagne se fait sentir de jour en jour d'une manière plus absolue. Il est temps d'en finir et de rassembler les patriotes. Répondrez-vous à cet appel ?

LORENZO

Qu'en dites-vous, seigneur Venturi ? Parlez, parlez !
90   Voilà mon oncle qui reprend haleine. Saisissez cette occa-sion, si vous aimez votre pays.

---

1. Pour Venturi, grand négociant, être traité de marchand est une insulte ; dans *Le Bourgeois gentilhomme*, de Molière, Covielle déguisé flatte M. Jourdain en lui faisant croire que son père n'était pas un marchand, mais un gentilhomme qui « comme il se connaissait fort bien en étoffes […], en allait choisir de tous les côtés, les faisait apporter chez lui et en donnait à ses amis pour de l'argent » (IV, 3).
2. L'idéal républicain de Bindo, comme de Philippe Strozzi d'ailleurs, est en réalité la nostalgie de la puissance des grandes familles florentines.
3. Voir note 1, p. 47.

VENTURI

Seigneur, je pense de même, et je n'ai pas un mot à ajouter.

LORENZO

Pas un mot ? pas un beau petit mot bien sonore ? Vous ne connaissez pas la véritable éloquence. On tourne une grande période autour d'un beau petit mot, pas trop court ni trop long, et rond comme une toupie. On rejette son bras gauche en arrière de manière à faire faire à son manteau des plis pleins d'une dignité tempérée par la grâce ; on lâche sa période qui se déroule comme une corde ron- flante, et la petite toupie s'échappe avec un murmure déli- cieux. On pourrait presque la ramasser dans le creux de la main, comme les enfants des rues.

BINDO

Tu es un insolent ! Réponds, ou sors d'ici.

LORENZO

Je suis des vôtres, mon oncle. Ne voyez-vous pas à ma coiffure que je suis républicain dans l'âme ? Regardez comme ma barbe est coupée [1]. N'en doutez pas un seul instant ; l'amour de la patrie respire dans mes vêtements les plus cachés.

> *On sonne à la porte d'entrée. La cour se remplit* 110
> *de pages et de chevaux.*

UN PAGE, *en entrant*

Le duc !

*Entre Alexandre.*

LORENZO

Quel excès de faveur, mon prince ! Vous daigner visiter un pauvre serviteur en personne ?

LE DUC

Quels sont ces hommes-là ? J'ai à te parler.

---

1. La barbe est un signe distinctif des républicains dans les années 1830.

LORENZO

J'ai l'honneur de présenter à Votre Altesse mon oncle
Bindo Altoviti, qui regrette qu'un long séjour à Naples
ne lui ait pas permis de se jeter plus tôt à vos pieds. Cet
120 autre seigneur est l'illustre Baptista Venturi, qui
fabrique, il est vrai, de la soie, mais qui n'en vend point.
Que la présence inattendue d'un si grand prince dans
cette humble maison ne vous trouble pas, mon cher
oncle, ni vous non plus, digne Venturi. Ce que vous
demandez vous sera accordé, ou vous serez en droit de
dire que mes supplications n'ont aucun crédit auprès de
mon gracieux souverain.

LE DUC

Que demandez-vous, Bindo ?

BINDO

Altesse, je suis désolé que mon neveu…

LORENZO

130   Le titre d'ambassadeur à Rome n'appartient à personne en ce moment. Mon oncle se flattait de l'obtenir
de vos bontés. Il n'est pas dans Florence un seul homme
qui puisse soutenir la comparaison avec lui, dès qu'il
s'agit du dévouement et du respect qu'on doit aux
Médicis.

LE DUC

En vérité, Renzino ? Eh bien ! mon cher Bindo, voilà
qui est dit. Viens demain matin au palais.

BINDO

Altesse, je suis confondu. Comment reconnaître…

LORENZO

Le seigneur Venturi, bien qu'il ne vende point de soie,
140 demande un privilège pour ses fabriques.

LE DUC

Quel privilège ?

LORENZO

Vos armoiries sur la porte, avec le brevet [1]. Accordez-le-lui, monseigneur, si vous aimez ceux qui vous aiment.

LE DUC

Voilà qui est bon. Est-ce fini ? Allez, messieurs, la paix soit avec vous.

VENTURI

Altesse !… vous me comblez de joie… je ne puis exprimer…

LE DUC, *à ses gardes*

Qu'on laisse passer ces deux personnes.

BINDO, *sortant, bas à Venturi*

C'est un tour infâme.

VENTURI, *de même*

Qu'est-ce que vous ferez ?                    150

BINDO, *de même*

Que diable veux-tu que je fasse ? Je suis nommé.

VENTURI, *de même*

Cela est terrible.

*Ils sortent.*

LE DUC

La Cibo est à moi.

LORENZO

J'en suis fâché.

LE DUC

Pourquoi ?

---

1. *Brevet* : titre de fournisseur de la cour.

LORENZO

Parce que cela fera tort aux autres.

LE DUC

Ma foi, non, elle m'ennuie déjà. Dis-moi donc, mignon, quelle est donc cette belle femme qui arrange ces fleurs sur cette fenêtre ? Voilà longtemps que je la vois sans cesse en passant.

LORENZO

Où donc ?

LE DUC

Là-bas, en face, dans le palais.

LORENZO

Oh ! ce n'est rien.

LE DUC

Rien ? Appelles-tu rien ces bras-là ? Quelle Vénus, entrailles du diable !

LORENZO

C'est une voisine.

LE DUC

Je veux parler à cette voisine-là. Eh ! parbleu, si je ne me trompe, c'est Catherine Ginori.

LORENZO

Non.

LE DUC

Je la reconnais très bien ; c'est ta tante. Peste ! j'avais oublié cette figure-là. Amène-la donc souper.

LORENZO

Cela serait très difficile. C'est une vertu.

LE DUC

Allons donc ! Est-ce qu'il y en a pour nous autres ?

LORENZO

Je le lui demanderai, si vous voulez. Mais je vous avertis que c'est une pédante ; elle parle latin.

LE DUC

Bon ! elle ne fait pas l'amour en latin. Viens donc par ici ; nous la verrons mieux de cette galerie.

LORENZO

Une autre fois, mignon – à l'heure qu'il est je n'ai pas de temps à perdre – il faut que j'aille chez le Strozzi.    180

LE DUC

Quoi ! chez ce vieux fou !

LORENZO

Oui, chez ce vieux misérable, chez cet infâme. Il paraît qu'il ne peut se guérir de cette singulière lubie d'ouvrir sa bourse à toutes ces viles créatures qu'on nomme bannis, et que ces meurt-de-faim se réunissent chez lui tous les jours, avant de mettre leurs souliers et de prendre leurs bâtons. Maintenant, mon projet est d'aller au plus vite manger le dîner de ce vieux gibier de potence, et de lui renouveler l'assurance de ma cordiale amitié. J'aurai ce soir quelque bonne histoire à vous conter, quelque charmante petite fre-    190 daine qui pourra faire lever de bonne heure demain matin quelques-unes de toutes ces canailles.

LE DUC

Que je suis heureux de t'avoir, mignon ! J'avoue que je ne comprends pas comment ils te reçoivent.

LORENZO

Bon ! Si vous saviez comme cela est aisé de mentir impudemment au nez d'un butor ! Cela prouve bien que vous n'avez jamais essayé. À propos, ne m'avez-vous pas dit que vous vouliez donner votre portrait, je ne

sais plus à qui ? J'ai un peintre à vous amener ; c'est un
200 protégé.

LE DUC

Bon, bon, mais pense à la tante. C'est pour elle que je
suis venu te voir ; le diable m'emporte, tu as une tante qui
me revient.

LORENZO

Et la Cibo ?

LE DUC

Je te dis de parler de moi à ta tante.

*Ils sortent.*

SCÈNE V

*Une salle du palais des Strozzi.*
PHILIPPE STROZZI, LE PRIEUR,
LOUISE, *occupée à travailler ;*
LORENZO, *couché sur un sofa.*

PHILIPPE

Dieu veuille qu'il n'en soit rien ! Que de haines inex-
tinguibles, implacables, n'ont pas commencé autrement !
Un propos ! la fumée d'un repas jasant sur les lèvres
épaisses d'un débauché ! voilà les guerres de famille,
voilà comme les couteaux se tirent. On est insulté, et on
tue ; on a tué et on est tué. Bientôt les haines
s'enracinent ; on berce les fils dans les cercueils de leurs
aïeux, et des générations entières sortent de terre l'épée
à la main.

LE PRIEUR

10    J'ai peut-être eu tort de me souvenir de ce méchant
propos et de ce maudit voyage à Montolivet ; mais le
moyen d'endurer ces Salviati ?

PHILIPPE

Ah ! Léon, Léon, je te le demande ; qu'y aurait-il de changé pour Louise et pour nous-mêmes, si tu n'avais rien dit à mes enfants ? La vertu d'une Strozzi ne peut-elle oublier un mot d'un Salviati ? L'habitant d'un palais de marbre doit-il savoir les obscénités que la populace écrit sur ses murs ? Qu'importe le propos d'un Julien ? Ma fille en trouvera-t-elle moins un honnête mari ? Ses enfants la respecteront-ils moins ? M'en souviendrai-je, moi, son 20 père, en lui donnant le baiser du soir ? Où en sommes-nous, si l'insolence du premier venu tire du fourreau des épées comme les nôtres ? Maintenant tout est perdu ; voilà Pierre furieux de tout ce que tu nous as conté. Il s'est mis en campagne ; il est allé chez les Pazzi. Dieu sait ce qui peut arriver ! Qu'il rencontre Salviati, voilà le sang répandu, le mien, mon sang sur le pavé de Florence ! Ah ! pourquoi suis-je père ?

LE PRIEUR

Si l'on m'eût rapporté un propos sur ma sœur, quel qu'il fût, j'aurais tourné le dos, et tout aurait été fini là. Mais 30 celui-là m'était adressé ; il était si grossier, que je me suis figuré que le rustre ne savait de qui il parlait – mais il le savait bien.

PHILIPPE

Oui, ils le savent, les infâmes ! ils savent bien où ils frappent ! Le vieux tronc d'arbre est d'un bois trop solide ; ils ne viendraient pas l'entamer. Mais ils connaissaient la fibre délicate qui tressaille dans ses entrailles, lorsqu'on attaque son plus faible bourgeon. Ma Louise ! ah ! qu'est-ce donc que la raison ? Les mains me tremblent à cette idée. Juste Dieu ! la raison, est-ce donc la vieillesse ? 40

LE PRIEUR

Pierre est trop violent.

PHILIPPE

Pauvre Pierre ! comme le rouge lui est monté au front ! comme il a frémi en t'écoutant raconter l'insulte faite à sa

sœur ? C'est moi qui suis un fou, car je t'ai laissé dire. Pierre se promenait par la chambre à grands pas, inquiet, furieux, la tête perdue ; il allait et venait, comme moi maintenant. Je le regardais en silence ; c'est un si beau spectacle qu'un sang pur montant à un front sans reproche. Ô ma patrie ! pensais-je, en voilà un, et c'est mon aîné.
50 Ah ! Léon, j'ai beau faire, je suis un Strozzi.

LE PRIEUR

Il n'y a peut-être pas tant de danger que vous le pensez. – C'est un grand hasard s'il rencontre Salviati ce soir. – Demain, nous verrons tous les choses plus sagement.

PHILIPPE

N'en doute pas ; Pierre le tuera, ou il se fera tuer. (*Il ouvre la fenêtre.*) Où sont-ils maintenant ? Voilà la nuit ; la ville se couvre de profondes ténèbres. Ces rues sombres me font horreur – le sang coule quelque part, j'en suis sûr.

LE PRIEUR

Calmez-vous.

PHILIPPE

À la manière dont mon Pierre est sorti, je suis sûr qu'on
60 ne le reverra que vengé ou mort. Je l'ai vu décrocher son épée en fronçant le sourcil ; il se mordait les lèvres, et les muscles de ses bras étaient tendus comme des arcs. Oui, oui, maintenant il meurt ou il est vengé ; cela n'est pas douteux.

LE PRIEUR

Remettez-vous, fermez cette fenêtre.

PHILIPPE

Eh bien, Florence, apprends-la donc à tes pavés, la couleur de mon noble sang ! il y a quarante de tes fils qui l'ont dans les veines. Et moi, le chef de cette famille immense, plus d'une fois encore ma tête blanche se penchera du haut
70 de ces fenêtres, dans les angoisses paternelles ! plus d'une fois ce sang, que tu bois peut-être à cette heure avec indifférence, séchera au soleil de tes places. Mais ne ris pas ce

soir du vieux Strozzi, qui a peur pour son enfant. Sois avare de sa famille, car il viendra un jour où tu la compteras, où tu te mettras avec lui à la fenêtre, et où le cœur te battra aussi lorsque tu entendras le bruit de nos épées.

LOUISE

Mon père ! mon père ! vous me faites peur.

LE PRIEUR, *bas à louise*

N'est-ce pas Thomas qui rôde sous ces lanternes ? Il m'a semblé le reconnaître à sa petite taille ; le voilà parti.

PHILIPPE

Pauvre ville, où les pères attendent ainsi le retour de leurs enfants ! Pauvre patrie ! pauvre patrie ! Il y en a bien d'autres à cette heure qui ont pris leurs manteaux et leurs épées pour s'enfoncer dans cette nuit obscure – et ceux qui les attendent ne sont point inquiets – ils savent qu'ils mourront demain de misère, s'ils ne meurent de froid cette nuit. Et nous, dans ces palais somptueux, nous attendons qu'on nous insulte pour tirer nos épées ! Le propos d'un ivrogne nous transporte de colère, et disperse dans ces sombres rues nos fils et nos amis ! Mais les malheurs publics ne secouent pas la poussière de nos armes. On croit Philippe Strozzi un honnête homme, parce qu'il fait le bien sans empêcher le mal ! Et maintenant, moi, père, que ne donnerais-je pas pour qu'il y eût au monde un être capable de me rendre mon fils et de punir juridiquement l'insulte faite à ma fille ! Mais pourquoi empêcherait-on le mal qui m'arrive, quand je n'ai pas empêché celui qui arrive aux autres, moi qui en avais le pouvoir ? Je me suis courbé sur des livres, et j'ai rêvé pour ma patrie ce que j'admirais dans l'antiquité. Les murs criaient vengeance autour de moi, et je me bouchais les oreilles pour m'enfoncer dans mes méditations – il a fallu que la tyrannie vînt me frapper au visage pour me faire dire : Agissons ! – et ma vengeance a des cheveux gris.

*Entrent Pierre avec Thomas et François Pazzi.*

PIERRE

C'est fait ; Salviati est mort.

*Il embrasse sa sœur.*

LOUISE

Quelle horreur ! tu es couvert de sang.

PIERRE

Nous l'avons attendu au coin de la rue des Archers ;
110 François a arrêté son cheval ; Thomas l'a frappé à la
jambe, et moi…

LOUISE

Tais-toi ! tais-toi ! tu me fais frémir. Tes yeux sortent de
leurs orbites – tes mains sont hideuses – tout ton corps
tremble, et tu es pâle comme la mort.

LORENZO, *se levant*

Tu es beau, Pierre, tu es grand comme la vengeance.

PIERRE

Qui dit cela ? Te voilà ici, toi, Lorenzaccio ! (*Il
s'approche de son père.*) Quand donc fermerez-vous votre
porte à ce misérable ? ne savez-vous donc pas ce que c'est,
sans compter l'histoire de son duel avec Maurice ?

PHILIPPE

120 C'est bon, je sais tout cela. Si Lorenzo est ici, c'est que
j'ai de bonnes raisons pour l'y recevoir. Nous en parlerons
en temps et lieu.

PIERRE, *entre ses dents*

Hum ! des raisons pour recevoir cette canaille ! Je pourrais bien en trouver, un de ces matins, une très bonne aussi
pour le faire sauter par les fenêtres. Dites ce que vous voudrez, j'étouffe dans cette chambre de voir une pareille
lèpre se traîner sur nos fauteuils.

PHILIPPE

Allons, paix ! tu es un écervelé. Dieu veuille que ton coup de ce soir n'ait pas de mauvaises suites pour nous ! Il faut commencer par te cacher.                    130

PIERRE

Me cacher ! Et au nom de tous les saints, pourquoi me cacherais-je ?

LORENZO, *à Thomas*

En sorte que vous l'avez frappé à l'épaule ? – Dites-moi donc un peu…

> *Il l'entraîne dans l'embrasure d'une fenêtre ;*
> *tous deux s'entretiennent à voix basse.*

PIERRE

Non, mon père, je ne me cacherai pas. L'insulte a été publique, il nous l'a faite au milieu d'une place. Moi, je l'ai assommé au milieu d'une rue, et il me convient demain matin  140 de le raconter à toute la ville. Depuis quand se cache-t-on pour avoir vengé son honneur ? Je me promènerais volontiers l'épée nue, et sans en essuyer une goutte de sang.

PHILIPPE

Viens par ici, il faut que je te parle. Tu n'es pas blessé, mon enfant ? tu n'as rien reçu dans tout cela ?

> *Ils sortent.*

SCÈNE VI

*Au palais du duc.*
LE DUC, *à demi nu,* TEBALDEO, *faisant son portrait,*
GIOMO *joue de la guitare.*

GIOMO, *chantant* :

Quand je mourrai, mon échanson [1],
Porte mon cœur à ma maîtresse.

---

1. *Échanson* : personne qui sert à boire.

Qu'elle envoie au diable la messe,
La prêtraille et les oraisons.
Les pleurs ne sont que de l'eau claire.
Dis-lui qu'elle éventre un tonneau ;
Qu'on entonne un chœur sur ma bière,
J'y répondrai du fond de mon tombeau.

LE DUC

Je savais bien que j'avais quelque chose à te demander.
10 Dis-moi, Hongrois, que t'avait donc fait ce garçon que je
t'ai vu bâtonner tantôt d'une si joyeuse manière ?

GIOMO

Ma foi, je ne saurais le dire, ni lui non plus.

LE DUC

Pourquoi ? Est-ce qu'il est mort ?

GIOMO

C'est un gamin d'une maison voisine ; tout à l'heure, en
passant, il m'a semblé qu'on l'enterrait.

LE DUC

Quand mon Giomo frappe, il frappe ferme.

GIOMO

Cela vous plaît à dire ; je vous ai vu tuer un homme
d'un coup plus d'une fois.

LE DUC

Tu crois ! J'étais donc gris ? Quand je suis en pointe de
20 gaieté, tous mes moindres coups sont mortels. (*À
Tebaldeo.*) Qu'as-tu donc, petit ? est-ce que la main te
tremble ? tu louches terriblement.

TEBALDEO

Rien, monseigneur, plaise à Votre Altesse.

*Entre Lorenzo.*

LORENZO

Cela avance-t-il ? Êtes-vous content de mon protégé ? (*Il prend la cotte de mailles du duc sur le sofa.*) Vous avez là une jolie cotte de mailles, mignon ! Mais cela doit être bien chaud.

LE DUC

En vérité, si elle me gênait, je n'en porterais pas. Mais c'est du fil d'acier ; la lime la plus aiguë n'en pourrait 30 ronger une maille, et en même temps c'est léger comme de la soie. Il n'y a peut-être pas la pareille dans toute l'Europe ; aussi je ne la quitte guère, jamais, pour mieux dire.

LORENZO

C'est très léger, mais très solide. Croyez-vous cela à l'épreuve du stylet ?

LE DUC

Assurément.

LORENZO

Au fait, j'y réfléchis à présent, vous la portez toujours sous votre pourpoint. L'autre jour, à la chasse, j'étais en croupe derrière vous, et en vous tenant à bras-le-corps, je 40 la sentais très bien. C'est une prudente habitude.

LE DUC

Ce n'est pas que je me défie de personne ; comme tu dis, c'est une habitude – pure habitude de soldat.

LORENZO

Votre habit est magnifique. Quel parfum que ces gants ! Pourquoi donc posez-vous à moitié nu ? Cette cotte de mailles aurait fait son effet dans votre portrait ; vous avez eu tort de la quitter.

LE DUC

C'est le peintre qui l'a voulu. Cela vaut toujours mieux, d'ailleurs, de poser le cou découvert ; regarde les antiques.

LORENZO

50 Où diable est ma guitare ? Il faut que je fasse un second dessus [1] à Giomo.

*Il sort.*

TEBALDEO

Altesse, je n'en ferai pas davantage aujourd'hui.

GIOMO, *à la fenêtre*

Que fait donc Lorenzo ? Le voilà en contemplation devant le puits qui est au milieu du jardin ; ce n'est pas là, il me semble, qu'il devrait chercher sa guitare.

LE DUC

Donne-moi mes habits. Où est donc ma cotte de mailles ?

GIOMO

Je ne la trouve pas, j'ai beau chercher, elle s'est envolée.

LE DUC

60 Renzino [2] la tenait il n'y a pas cinq minutes ; il l'aura jetée dans un coin en s'en allant, selon sa louable coutume de paresseux.

GIOMO

Cela est incroyable ; pas plus de cotte de mailles que sur ma main.

LE DUC

Allons, tu rêves ! cela est impossible.

GIOMO

Voyez vous-même, Altesse ; la chambre n'est pas si grande.

---

1. *Dessus* : par opposition à la basse, le *dessus* est le registre le plus aigu d'un groupe vocal ou instrumental. Dans un duo, c'est la partie haute.
2. Diminutif affectueux.

LE DUC

Renzo la tenait là, sur ce sofa. (*Rentre Lorenzo.*) Qu'as-tu donc fait de ma cotte ? nous ne pouvons plus la trouver.

LORENZO

Je l'ai remise où elle était. Attendez – non, je l'ai posée 70 sur ce fauteuil – non, c'était sur le lit – je n'en sais rien, mais j'ai trouvé ma guitare. (*Il chante en s'accompagnant.*)

Bonjour, madame l'abbesse…

GIOMO

Dans le puits du jardin, apparemment ? car vous étiez penché dessus tout à l'heure d'un air tout à fait absorbé.

LORENZO

Cracher dans un puits pour faire des ronds est mon plus grand bonheur. Après boire et dormir, je n'ai pas d'autre occupation. (*Il continue à jouer.*)

Bonjour, bonjour, abbesse de mon cœur…                    80

LE DUC

Cela est inouï que cette cotte se trouve perdue ! Je crois que je ne l'ai pas ôtée deux fois dans ma vie, si ce n'est pour me coucher.

LORENZO

Laissez donc, laissez donc. N'allez-vous pas faire un valet de chambre d'un fils de pape [1] ? Vos gens la trouveront.

LE DUC

Que le diable t'emporte ! c'est toi qui l'as égarée.

LORENZO

Si j'étais duc de Florence, je m'inquiéterais d'autre chose que de mes cottes. À propos, j'ai parlé de vous à ma

---

1. Selon la rumeur, Alexandre était le fils du pape Clément VII.

90   chère tante. Tout est au mieux ; venez donc un peu ici que
je vous parle à l'oreille.

GIOMO, *bas, au duc*

Cela est singulier, au moins ; la cotte de mailles est
enlevée.

LE DUC

On la retrouvera.

*Il s'assoit à côté de Lorenzo.*

GIOMO, *à part*

Quitter la compagnie pour aller cracher dans le puits,
cela n'est pas naturel. Je voudrais retrouver cette cotte de
mailles, pour m'ôter de la tête une vieille idée qui se
rouille de temps en temps. Bah ! un Lorenzaccio ! La cotte
100   est sous quelque fauteuil.

SCÈNE VII

*Devant le palais.*
*Entre* SALVIATI, *couvert de sang et boitant ;*
*deux hommes le soutiennent.*

SALVIATI, *criant*

Alexandre de Médicis ! ouvre ta fenêtre, et regarde un
peu comme on traite tes serviteurs !

ALEXANDRE, *à la fenêtre*

Qui est là dans la boue ? Qui se traîne aux murailles de
mon palais avec ces cris épouvantables ?

SALVIATI

Les Strozzi m'ont assassiné ; je vais mourir à ta porte.

LE DUC

Lesquels des Strozzi, et pourquoi ?

SALVIATI

Parce que j'ai dit que leur sœur était amoureuse de toi, mon noble duc. Les Strozzi ont trouvé leur sœur insultée, parce que j'ai dit que tu lui plaisais ; trois d'entre eux m'ont assassiné. J'ai reconnu Pierre et Thomas ; je ne connais pas le troisième. 10

ALEXANDRE

Fais-toi monter ici. Par Hercule ! les meurtriers passeront la nuit en prison, et on les pendra demain matin.

*Salviati entre dans le palais.*

# ACTE III

*La chambre à coucher de Lorenzo.*
LORENZO, SCORONCONCOLO, *faisant des armes.*

SCORONCONCOLO

Maître, as-tu assez du jeu ?

LORENZO

Non, crie plus fort. Tiens, pare celle-ci ! tiens, meurs !
tiens, misérable !

SCORONCONCOLO

À l'assassin ! on me tue ! on me coupe la gorge !

LORENZO

Meurs ! meurs ! meurs ! Frappe donc du pied.

SCORONCONCOLO

À moi, mes archers ! au secours ! on me tue ! Lorenzo
de l'enfer !

LORENZO

Meurs, infâme ! Je te saignerai, pourceau, je te
saignerai ! Au cœur, au cœur ! il est éventré. – Crie donc,
10 frappe donc, tue donc ! Ouvre-lui les entrailles ! Coupons-
le par morceaux, et mangeons, mangeons ! J'en ai
jusqu'au coude. Fouille dans la gorge, roule-le, roule !
Mordons, mordons, et mangeons !

*Il tombe épuisé.*

SCORONCONCOLO, *s'essuyant le front*

Tu as inventé un rude jeu, maître, et tu y vas en vrai
tigre ; mille millions de tonnerres ! Tu rugis comme une
caverne pleine de panthères et de lions.

LORENZO

Ô jour de sang, jour de mes noces ! Ô soleil ! soleil !
il y a assez longtemps que tu es sec comme le plomb ; tu
te meurs de soif, soleil ! son sang t'enivrera. Ô ma 20
vengeance ! qu'il y a longtemps que tes ongles
poussent ! Ô dents d'Ugolin ! il vous faut le crâne, le
crâne [1] !

SCORONCONCOLO

Es-tu en délire ? As-tu la fièvre ?

LORENZO

Lâche, lâche – ruffian [2] – le petit maigre, les pères, les
filles – des adieux, des adieux sans fin – les rives de l'Arno
pleines d'adieux ! – Les gamins l'écrivent sur les murs.
– Ris, vieillard, ris dans ton bonnet blanc [3] – tu ne vois pas
que mes ongles poussent ? – Ah ! le crâne, le crâne !

*Il s'évanouit.* 30

SCORONCONCOLO

Maître, tu as un ennemi. (*Il lui jette de l'eau à la figure.*)
Allons, maître, ce n'est pas la peine de tant te démener. On
a des sentiments élevés ou on n'en a pas ; je n'oublierai
jamais que tu m'as fait avoir une certaine grâce sans

---

1. Le comte Ugolin Gherardesca, tyran gibelin de la fin du XIIIᵉ siècle,
apparaît au chant XXXIII de *L'Enfer* de Dante, rongeant inlassablement
le crâne de son bourreau, l'archevêque Ruggeri ; il raconte comment,
emprisonné dans une tour avec ses enfants, il fut contraint par la faim de
les dévorer. D'après la légende, il mourut à son tour, le dernier.
2. *Ruffian* : voir note 1, p. 59.
3. Le bonnet blanc peut désigner Ugolin lui-même (le bonnet blanc était
porté par les gibelins) ou au contraire son ennemi l'archevêque (dont la
tiare est un bonnet de soie blanche). Cette dernière interprétation, plus
récente que l'autre, est celle de Simon Jeune, qui s'appuie sur une
variante antérieure du manuscrit : « Vieillard, ris sous ta tiare ! »

laquelle je serais loin [1]. Maître, si tu as un ennemi, dis-le, et je t'en débarrasserai sans qu'il y paraisse autrement.

LORENZO

Ce n'est rien ; je te dis que mon seul plaisir est de faire peur à mes voisins.

SCORONCONCOLO

Depuis que nous trépignons dans cette chambre, et que
40 nous y mettons tout à l'envers, ils doivent être bien accoutumés à notre tapage. Je crois que tu pourrais égorger trente hommes dans ce corridor, et les rouler sur ton plancher, sans qu'on s'aperçoive dans la maison qu'il s'y passe du nouveau. Si tu veux faire peur aux voisins, tu t'y prends mal. Ils ont eu peur la première fois, c'est vrai, mais maintenant ils se contentent d'enrager, et ne s'en mettent pas en peine jusqu'au point de quitter leurs fauteuils ou d'ouvrir leurs fenêtres.

LORENZO

Tu crois ?

SCORONCONCOLO

Tu as un ennemi, maître. Ne t'ai-je pas vu frapper du
50 pied la terre, et maudire le jour de ta naissance ? N'ai-je pas des oreilles ? et, au milieu de tes fureurs, n'ai-je pas entendu résonner distinctement un petit mot bien net : la vengeance ? Tiens, maître, crois-moi, tu maigris – tu n'as plus le mot pour rire comme devant [2] – crois-moi, il n'y a rien de si mauvaise digestion qu'une bonne haine [3]. Est-ce

1. D'après Varchi, Lorenzo avait obtenu la grâce de Scoronconcolo, condamné à mort pour homicide. L'allusion est plus nette dans *Une conspiration en 1537* de George Sand, où Scoronconcolo dit : « D'abord, maître, tu as un ennemi. Quel est l'homme grand ou misérable qui peut s'en passer ? Moi, j'en ai un, c'est le bourreau, et si je peux lui mettre au cou la corde dont ta bonté m'a sauvé, maître, je jure, par la croix de Jésus, que je ne le manquerai pas ».
2. *Comme devant* : comme avant.
3. Selon Descartes, contrairement à ce qui se passe sous l'effet de l'amour, sous celui de la haine « l'estomac cesse de faire son office et est enclin à vomir et rejeter les viandes qu'on a mangées, ou du moins à les corrompre et convertir en mauvaises humeurs » (*Traité des passions*, partie II, article 98).

que sur deux hommes au soleil il n'y en a pas toujours un dont l'ombre gêne l'autre ? Ton médecin est dans ma gaine ; laisse-moi te guérir.

*Il tire son épée.*

#### LORENZO

Ce médecin-là t'a-t-il jamais guéri, toi ?                    60

#### SCORONCONCOLO

Quatre ou cinq fois. Il y avait un jour à Padoue une petite demoiselle qui me disait…

#### LORENZO

Montre-moi cette épée. Ah ! garçon, c'est une brave lame.

#### SCORONCONCOLO

Essaye-la, et tu verras.

#### LORENZO

Tu as deviné mon mal – j'ai un ennemi. Mais pour lui je ne me servirai pas d'une épée qui ait servi pour d'autres. Celle qui le tuera n'aura ici-bas qu'un baptême ; elle gardera son nom.

#### SCORONCONCOLO

Quel est le nom de l'homme ?                    70

#### LORENZO

Qu'importe ? m'es-tu dévoué ?

#### SCORONCONCOLO

Pour toi, je remettrais le Christ en croix.

#### LORENZO

Je te le dis en confidence, – je ferai le coup dans cette chambre ; et c'est précisément pour que mes chers voisins ne s'en étonnent pas que je les accoutume à ce bruit de tous les jours. Écoute bien, et ne te trompe pas. Si je l'abats du premier coup, ne t'avise pas de le toucher. Mais

je ne suis pas plus gros qu'une puce, et c'est un sanglier.
S'il se défend, je compte sur toi pour lui tenir les mains ;
80  rien de plus, entends-tu ? c'est à moi qu'il appartient. Je
t'avertirai en temps et lieu.

SCORONCONCOLO

Amen.

SCÈNE II

*Au palais Strozzi.*
*Entrent* PHILIPPE *et* PIERRE.

PIERRE

Quand je pense à cela, j'ai envie de me couper la main
droite. Avoir manqué cette canaille ! Un coup si juste, et
l'avoir manqué ! À qui n'était-ce pas rendre service que de
faire dire aux gens : Il y a un Salviati de moins dans les
rues ? Mais le drôle a fait comme les araignées – il s'est
laissé tomber en repliant ses pattes crochues, et il a fait le
mort de peur d'être achevé.

PHILIPPE

Que t'importe qu'il vive ? ta vengeance n'en est que
plus complète. On le dit blessé de telle manière, qu'il s'en
10  souviendra toute sa vie [1].

PIERRE

Oui, je le sais bien, voilà comme vous voyez les choses.
Tenez, mon père, vous êtes bon patriote, mais encore
meilleur père de famille ; ne vous mêlez pas de tout cela.

PHILIPPE

Qu'as-tu encore en tête ? Ne saurais-tu vivre un quart
d'heure sans penser à mal ?

_____

1. D'après Varchi, Salviati resta estropié.

PIERRE

Non, par l'enfer ! je ne saurais vivre un quart d'heure tranquille dans cet air empoisonné. Le ciel me pèse sur la tête comme une voûte de prison, et il me semble que je respire dans les rues des quolibets et des hoquets d'ivrognes. Adieu, j'ai affaire à présent. 20

PHILIPPE

Où vas-tu ?

PIERRE

Pourquoi voulez-vous le savoir ? Je vais chez les Pazzi [1].

PHILIPPE

Attends-moi donc, car j'y vais aussi.

PIERRE

Pas à présent, mon père, ce n'est pas un bon moment pour vous.

PHILIPPE

Parle-moi franchement.

PIERRE

Cela est entre nous. Nous sommes là une cinquantaine, les Ruccellaï et d'autres, qui ne portons pas le bâtard dans nos entrailles. 30

PHILIPPE

Ainsi donc ?

PIERRE

Ainsi donc les avalanches se font quelquefois au moyen d'un caillou gros comme le bout du doigt.

---

1. Voir note 2, p. 66. Musset s'inspire ici de *La Conspiration des Pazzi*, tragédie du dramaturge italien Alfieri (1789), dont la première scène est une discussion entre le fils Pazzi, le bouillant Raimondo, et son père Guglielmo, prudent et découragé.

PHILIPPE

Mais vous n'avez rien d'arrêté ? pas de plan, pas de mesures prises ? Ô enfants, enfants ! jouer avec la vie et la mort ! Des questions qui ont remué le monde ! des idées qui ont blanchi des milliers de têtes, et qui les ont fait rouler comme des grains de sable sur les pieds du bourreau ! des projets que la Providence elle-même
40 regarde en silence et avec terreur, et qu'elle laisse achever à l'homme, sans oser y toucher ! Vous parlez de tout cela en faisant des armes et en buvant un verre de vin d'Espagne, comme s'il s'agissait d'un cheval ou d'une mascarade ! Savez-vous ce que c'est qu'une république, que l'artisan au fond de son atelier, que le laboureur dans son champ, que le citoyen sur la place, que la vie entière d'un royaume ? le bonheur des hommes, Dieu de justice ! Ô enfants, enfants ! savez-vous compter sur vos doigts ?

PIERRE

50 Un bon coup de lancette [1] guérit tous les maux.

PHILIPPE

Guérir ! guérir ! Savez-vous que le plus petit coup de lancette doit être donné par le médecin ? Savez-vous qu'il faut une expérience longue comme la vie, et une science grande comme le monde, pour tirer du bras d'un malade une goutte de sang ? N'étais-je pas offensé aussi, la nuit dernière, lorsque tu avais mis ton épée nue sous ton manteau ? Ne suis-je pas le père de ma Louise, comme tu es son frère ? N'était-ce pas une juste vengeance ? Et cependant sais-tu ce qu'elle m'a coûté ? Ah ! les pères
60 savent cela, mais non les enfants. Si tu es père un jour, nous en parlerons.

PIERRE

Vous qui savez aimer, vous devriez savoir haïr.

---

1. *Lancette* : petit instrument de chirurgie servant à la saignée.

PHILIPPE

Qu'ont donc fait à Dieu ces Pazzi ? Ils invitent leurs amis à venir conspirer comme on invite à jouer aux dés, et leurs amis, en entrant dans leur cour, glissent dans le sang de leurs grands-pères. Quelle soif ont donc leurs épées ? Que voulez-vous donc, que voulez-vous ?

PIERRE

Et pourquoi vous démentir vous-même ? Ne vous ai-je pas entendu cent fois dire ce que nous disons ? Ne savons-nous pas ce qui vous occupe, quand vos domestiques 70 voient à leur lever vos fenêtres éclairées des flambeaux de la veille ? Ceux qui passent les nuits sans dormir ne meurent pas silencieux.

PHILIPPE

Où en viendrez-vous ? réponds-moi.

PIERRE

Les Médicis sont une peste. Celui qui est mordu par un serpent n'a que faire d'un médecin ; il n'a qu'à se brûler la plaie.

PHILIPPE

Et quand vous aurez renversé ce qui est, que voulez-vous mettre à la place ?

PIERRE

Nous sommes toujours sûrs de ne pas trouver pire. 80

PHILIPPE

Je vous le dis, comptez sur vos doigts.

PIERRE

Les têtes d'une hydre sont faciles à compter.

PHILIPPE

Et vous voulez agir ? cela est décidé ?

PIERRE

Nous voulons couper les jarrets aux meurtriers de Florence.

PHILIPPE

Cela est irrévocable ? vous voulez agir ?

PIERRE

Adieu, mon père, laissez-moi aller seul.

PHILIPPE

Depuis quand le vieil aigle reste-t-il dans le nid, quand ses aiglons vont à la curée ? Ô mes enfants ! ma brave et
90 belle jeunesse ! vous qui avez la force que j'ai perdue, vous qui êtes aujourd'hui ce qu'était le jeune Philippe, laissez-le avoir vieilli pour vous ! Emmène-moi, mon fils, je vois que vous allez agir. Je ne vous ferai pas de longs discours, je ne dirai que quelques mots ; il peut y avoir quelque chose de bon dans cette tête grise – deux mots, et ce sera fait. Je ne radote pas encore, je ne vous serai pas à charge ; ne pars pas sans moi, mon enfant, attends que je prenne mon manteau.

PIERRE

Venez, mon noble père ; nous baiserons le bas de votre
100 robe. Vous êtes notre patriarche, venez voir marcher au soleil les rêves de votre vie. La liberté est mûre ; venez, vieux jardinier de Florence, voir sortir de terre la plante que vous aimez.

*Ils sortent.*

### SCÈNE III

*Une rue.*
*Un officier allemand et des soldats,*
THOMAS STROZZI, *au milieu d'eux.*

#### L'OFFICIER

Si nous ne le trouvons pas chez lui, nous le trouverons chez les Pazzi.

#### THOMAS

Va ton train, et ne sois pas en peine ; tu sauras ce qu'il en coûte.

#### L'OFFICIER

Pas de menace ; j'exécute les ordres du duc, et n'ai rien à souffrir de personne.

#### THOMAS

Imbécile ! qui arrête un Strozzi sur la parole d'un Médicis !

*Il se forme un groupe autour d'eux.*

#### UN BOURGEOIS

Pourquoi arrêtez-vous ce seigneur ? Nous le connaissons bien, c'est le fils de Philippe.                    10

#### UN AUTRE

Lâchez-le, nous répondons pour lui.

#### LE PREMIER

Oui, oui, nous répondons pour les Strozzi. Laisse-le aller, ou prends garde à tes oreilles.

#### L'OFFICIER

Hors de là, canaille ! laissez passer la justice du duc, si vous n'aimez pas les coups de hallebarde.

*Pierre et Philippe arrivent.*

PIERRE

Qu'y a-t-il ? quel est ce tapage ? Que fais-tu là, Thomas ?

LE BOURGEOIS

Empêche-le, Philippe, empêche-le d'emmener ton fils en prison.

PHILIPPE

20   En prison ? et sur quel ordre ?

PIERRE

En prison ? sais-tu à qui tu as affaire ?

L'OFFICIER

Qu'on saisisse cet homme !

*Les soldats arrêtent Pierre.*

PIERRE

Lâchez-moi, misérables, ou je vous éventre comme des pourceaux !

PHILIPPE

Sur quel ordre agissez-vous, monsieur ?

L'OFFICIER, *montrant l'ordre du duc*

Voilà mon mandat. J'ai ordre d'arrêter Pierre et Thomas Strozzi.

*Les soldats repoussent le peuple, qui leur jette*
30   *des cailloux.*

PIERRE

De quoi nous accuse-t-on ? qu'avons-nous fait ? Aidez-moi, mes amis, rossons cette canaille.

*Il tire son épée. Un autre détachement de soldats arrive.*

L'OFFICIER

Venez ici, prêtez-moi main-forte. (*Pierre est désarmé.*) En marche ! et le premier qui approche de trop près, un

coup de pique dans le ventre ! Cela leur apprendra à se
mêler de leurs affaires.

PIERRE

On n'a pas le droit de m'arrêter sans un ordre des Huit [1].
Je me soucie bien des ordres d'Alexandre ! Où est l'ordre 40
des Huit ?

L'OFFICIER

C'est devant eux que nous vous menons.

PIERRE

Si c'est devant eux, je n'ai rien à dire. De quoi suis-je
accusé ?

UN HOMME DU PEUPLE

Comment, Philippe, tu laisses emmener tes enfants au
tribunal des Huit ?

PIERRE

Répondez donc, de quoi suis-je accusé ?

L'OFFICIER

Cela ne me regarde pas.

*Les soldats sortent avec Pierre et Thomas.*

PIERRE, *en sortant*

N'ayez aucune inquiétude, mon père ; les Huit me ren- 50
verront souper à la maison et le bâtard en sera pour ses
frais de justice.

PHILIPPE, *seul, s'asseyant sur un banc*

J'ai beaucoup d'enfants, mais pas pour longtemps, si
cela va si vite. Où en sommes-nous donc si une vengeance
aussi juste que le ciel que voilà est clair, est punie comme
un crime ! Eh quoi ! les deux aînés d'une famille vieille
comme la ville, emprisonnés comme des voleurs de
grands chemins ! la plus grossière insulte châtiée, un Sal-

---

1. Voir note 6, p. 36. Les Huit étaient la seule juridiction compétente en
matière politique.

viati frappé, seulement frappé, et des hallebardes [1] en jeu !
60 Sors donc du fourreau, mon épée. Si le saint appareil des
exécutions judiciaires devient la cuirasse des ruffians [2] et
des ivrognes, que la hache et le poignard, cette arme des
assassins, protègent l'homme de bien. Ô Christ ! La justice devenue une entremetteuse ! L'honneur des Strozzi
souffleté en place publique, et un tribunal répondant des
quolibets d'un rustre ! Un Salviati jetant à la plus noble
famille de Florence son gant taché de vin et de sang, et,
lorsqu'on le châtie, tirant pour se défendre le coupe-tête
du bourreau ! Lumière du soleil ! j'ai parlé, il n'y a pas un
70 quart d'heure, contre les idées de révolte, et voilà le pain
qu'on me donne à manger, avec mes paroles de paix sur
les lèvres ! Allons, mes bras, remuez ! et toi, vieux corps
courbé par l'âge et par l'étude, redresse-toi pour
l'action [3] !

*Entre Lorenzo.*

LORENZO

Demandes-tu l'aumône, Philippe, assis au coin de cette
rue ?

PHILIPPE

Je demande l'aumône à la justice des hommes ; je suis
un mendiant affamé de justice, et mon honneur est en
80 haillons.

LORENZO

Quel changement va donc s'opérer dans le monde, et
quelle robe nouvelle va revêtir la nature, si le masque de
la colère s'est posé sur le visage auguste et paisible du
vieux Philippe ? Ô mon père, quelles sont ces plaintes ?
pour qui répands-tu sur la terre les joyaux les plus précieux qu'il y ait sous le soleil, les larmes d'un homme sans
peur et sans reproche ?

---

1. Voir note 1, p. 46.
2. Voir note 1, p. 59.
3. La mise en scène et le jeu de l'acteur peuvent donner à voir la contradiction entre discours et action chez Philippe Strozzi. Ce monologue rappelle celui de Don Diègue dans *Le Cid* de Corneille (I, 4).

PHILIPPE

Il faut nous délivrer des Médicis, Lorenzo. Tu es un Médicis toi-même, mais seulement par ton nom. Si je t'ai bien connu, si la hideuse comédie que tu joues m'a trouvé 90 impassible et fidèle spectateur, que l'homme sorte de l'histrion [1] ! Si tu as jamais été quelque chose d'honnête, sois-le aujourd'hui. Pierre et Thomas sont en prison.

LORENZO

Oui, oui, je sais cela.

PHILIPPE

Est-ce là ta réponse ? Est-ce là ton visage, homme sans épée ?

LORENZO

Que veux-tu ? dis-le, et tu auras alors ma réponse.

PHILIPPE

Agir ! Comment, je n'en sais rien. Quel moyen employer, quel levier mettre sous cette citadelle [2] de mort, pour la soulever et la pousser dans le fleuve, quoi 100 faire, que résoudre, quels hommes aller trouver, je ne puis le savoir encore, mais agir, agir, agir ! Ô Lorenzo, le temps est venu. N'es-tu pas diffamé, traité de chien et de sans-cœur ? Si je t'ai tenu en dépit de tout ma porte ouverte, ma main ouverte, mon cœur ouvert, parle, et que je voie si je me suis trompé. Ne m'as-tu pas parlé d'un homme qui s'appelle aussi Lorenzo, et qui se cache derrière le Lorenzo que voilà ? Cet homme n'aime-t-il pas sa patrie, n'est-il pas dévoué à ses amis ? Tu le disais, et je l'ai cru. Parle, parle, le temps 110 est venu.

LORENZO

Si je ne suis pas tel que vous le désirez, que le soleil me tombe sur la tête !

---

1. *Histrion* : acteur jouant des farces grossières, bouffon.
2. Celle qui héberge la garnison allemande de Charles Quint.

PHILIPPE

Ami, rire d'un vieillard désespéré, cela porte malheur. Si tu dis vrai, à l'action ! J'ai de toi des promesses qui engageraient Dieu lui-même, et c'est sur ces promesses que je t'ai reçu. Le rôle que tu joues est un rôle de boue et de lèpre, tel que l'enfant prodigue ne l'aurait pas joué dans un jour de démence – et cependant je t'ai reçu. Quand les
120 pierres criaient à ton passage, quand chacun de tes pas faisait jaillir des mares de sang humain, je t'ai appelé du nom sacré d'ami, je me suis fait sourd pour te croire, aveugle pour t'aimer ; j'ai laissé l'ombre de ta mauvaise réputation passer sur mon honneur, et mes enfants ont douté de moi en trouvant sur ma main la trace hideuse du contact de la tienne. Sois honnête, car je l'ai été ; agis, car tu es jeune, et je suis vieux.

LORENZO

Pierre et Thomas sont en prison ; est-ce là tout ?

PHILIPPE

Ô ciel et terre ! oui, c'est là tout – presque rien, deux
130 enfants de mes entrailles qui vont s'asseoir au banc des voleurs – deux têtes que j'ai baisées autant de fois que j'ai de cheveux gris, et que je vais trouver demain matin clouées sur la porte de la forteresse – oui, c'est là tout, rien de plus, en vérité.

LORENZO

Ne me parle pas sur ce ton. Je suis rongé d'une tristesse auprès de laquelle la nuit la plus sombre est une lumière éblouissante.

*Il s'assied près de Philippe.*

PHILIPPE

Que je laisse mourir mes enfants, cela est impossible, vois-
140 tu ! On m'arracherait les bras et les jambes, que, comme le serpent, les morceaux mutilés de Philippe se rejoindraient encore et se lèveraient pour la vengeance. Je connais si bien tout cela ! Les Huit ! un tribunal d'hommes de marbre ! une forêt de spectres, sur laquelle passe de temps en temps le vent

lugubre du doute qui les agite pendant une minute, pour se résoudre en un mot sans appel ! Un mot, un mot, ô conscience ! Ces hommes-là mangent, ils dorment, ils ont des femmes et des filles ! Ah ! qu'ils tuent, qu'ils égorgent, mais pas mes enfants, pas mes enfants !

LORENZO

Pierre est un homme ; il parlera, et il sera mis en liberté. 150

PHILIPPE

Ô mon Pierre, mon premier-né !

LORENZO

Rentrez chez vous, tenez-vous tranquille – ou faites mieux, quittez Florence. Je vous réponds de tout, si vous quittez Florence.

PHILIPPE

Moi, un banni ! moi dans un lit d'auberge à mon heure dernière ! Ô Dieu ! et tout cela pour une parole d'un Salviati !

LORENZO

Sachez-le, Salviati voulait séduire votre fille, mais non pas pour lui seul. Alexandre a un pied dans le lit de cet homme ; il y exerce le droit du seigneur sur la prostitution. 160

PHILIPPE

Et nous n'agirons pas ! Ô Lorenzo, Lorenzo ! tu es un homme ferme, toi ; parle-moi, je suis faible, et mon cœur est trop intéressé dans tout cela. Je m'épuise, vois-tu, j'ai trop réfléchi ici-bas, j'ai trop tourné sur moi-même, comme un cheval de pressoir – je ne vaux plus rien pour la bataille. Dis-moi ce que tu penses, je le ferai.

LORENZO

Rentrez chez vous, mon bon monsieur.

PHILIPPE

Voilà qui est certain, je vais aller chez les Pazzi. Là sont cinquante jeunes gens, tous déterminés. Ils ont juré

170 d'agir ; je leur parlerai noblement, comme un Strozzi et comme un père, et ils m'entendront. Ce soir, j'inviterai à souper les quarante membres de ma famille ; je leur raconterai ce qui m'arrive. Nous verrons, nous verrons ! rien n'est encore fait. Que les Médicis prennent garde à eux ! Adieu, je vais chez les Pazzi ; aussi bien, j'y allais avec Pierre, quand on l'a arrêté.

LORENZO

Il y a plusieurs démons, Philippe. Celui qui te tente en ce moment n'est pas le moins à craindre de tous.

PHILIPPE

Que veux-tu dire ?

LORENZO

180 Prends-y garde, c'est un démon plus beau que Gabriel [1]. La liberté, la patrie, le bonheur des hommes, tous ces mots résonnent à son approche comme les cordes d'une lyre ; c'est le bruit des écailles d'argent de ses ailes flamboyantes. Les larmes de ses yeux fécondent la terre, et il tient à la main la palme des martyrs. Ses paroles épurent l'air autour de ses lèvres ; son vol est si rapide que nul ne peut dire où il va. Prends-y garde ! Une fois dans ma vie, je l'ai vu traverser les cieux. J'étais courbé sur mes livres – le toucher de sa main a fait frémir mes cheveux comme
190 une plume légère. Que je l'aie écouté ou non, n'en parlons pas.

PHILIPPE

Je ne te comprends qu'avec peine, et je ne sais pourquoi j'ai peur de te comprendre.

LORENZO

N'avez-vous dans la tête que cela – délivrer vos fils ? Mettez la main sur la conscience. – Quelque autre pensée plus vaste, plus terrible, ne vous entraîne-t-elle pas, comme un chariot étourdissant, au milieu de cette jeunesse ?

---

1. L'archange de l'Annonciation.

PHILIPPE

Eh bien ! oui, que l'injustice faite à ma famille soit le signal de la liberté. Pour moi, et pour tous, j'irai !     200

LORENZO

Prends garde à toi, Philippe, tu as pensé au bonheur de l'humanité.

PHILIPPE

Que veut dire ceci ? Es-tu dedans comme au-dehors une vapeur infecte ? Toi qui m'as parlé d'une liqueur précieuse dont tu étais le flacon, est-ce là ce que tu renfermes ?

LORENZO

Je suis en effet précieux pour vous, car je tuerai Alexandre.

PHILIPPE

Toi ?

LORENZO

Moi, demain ou après-demain. Rentrez chez vous, tâchez de délivrer vos enfants – si vous ne le pouvez pas,     210
laissez-leur subir une légère punition – je sais pertinemment qu'il n'y a pas d'autres dangers pour eux, et je vous répète que, d'ici à quelques jours, il n'y aura pas plus d'Alexandre de Médicis à Florence, qu'il n'y a de soleil à minuit.

PHILIPPE

Quand cela serait vrai, pourquoi aurais-je tort de penser à la Liberté ? Ne viendra-t-elle pas quand tu auras fait ton coup [1], si tu le fais ?

LORENZO

Philippe, Philippe, prends garde à toi. Tu as soixante ans de vertu sur ta tête grise ; c'est un enjeu trop cher pour     220
le jouer aux dés.

---

1. Le mot a encore son sens noble classique.

PHILIPPE

Si tu caches sous ces sombres paroles quelque chose que je puisse entendre, parle ; tu m'irrites singulièrement.

LORENZO

Tel que tu me vois, Philippe, j'ai été honnête. J'ai cru à la vertu, à la grandeur humaine, comme un martyr croit à son Dieu. J'ai versé plus de larmes sur la pauvre Italie, que Niobé sur ses filles [1].

PHILIPPE

Eh bien, Lorenzo ?

LORENZO

230 Ma jeunesse a été pure comme l'or. Pendant vingt ans de silence, la foudre s'est amoncelée dans ma poitrine ; et il faut que je sois réellement une étincelle du tonnerre, car tout à coup, une certaine nuit que j'étais assis dans les ruines du Colisée antique [2], je ne sais pourquoi je me levai ; je tendis vers le ciel mes bras trempés de rosée, et je jurai qu'un des tyrans de ma patrie mourrait de ma main. J'étais un étudiant paisible, je ne m'occupais alors que des arts et des sciences, et il m'est impossible de dire comment cet étrange serment s'est fait en moi. Peut-être est-ce là ce qu'on éprouve quand on devient amoureux.

PHILIPPE

240 J'ai toujours eu confiance en toi, et cependant je crois rêver.

---

1. Niobé, mère de nombreux enfants, s'étant vantée d'être supérieure à Léto, qui n'en avait que deux, fut punie par les enfants de celle-ci, Apollon et Artémis, qui tuèrent presque tous ses enfants à coups de flèches. Inconsolable, elle fut métamorphosée en un rocher et ses larmes donnèrent naissance à une source.
2. Les ruines romaines, et particulièrement le Colisée, sont pour les romantiques propices à la méditation ; la poésie des ruines, exaltée au XVIIIᵉ siècle par Volney et Hubert Robert, devient un lieu commun romantique ; voir Chateaubriand (*René* et *Le Génie du Christianisme*, 3ᵉ partie, V, 3) ; et Lamartine (« La Liberté ou Une nuit à Rome », *Nouvelles méditations poétiques* et « Le Lézard », *Méditations poétiques inédites*).

LORENZO

Et moi aussi. J'étais heureux alors, j'avais le cœur et les mains tranquilles : mon nom m'appelait au trône, et je n'avais qu'à laisser le soleil se lever et se coucher pour voir fleurir autour de moi toutes les espérances humaines. Les hommes ne m'avaient fait ni bien ni mal, mais j'étais bon, et, pour mon malheur éternel, j'ai voulu être grand. Il faut que je l'avoue, si la Providence m'a poussé à la résolution de tuer un tyran, quel qu'il fût, l'orgueil m'y a poussé aussi. Que te dirais-je de plus ? tous les Césars du 250 monde me faisaient penser à Brutus [1].

PHILIPPE

L'orgueil de la vertu est un noble orgueil. Pourquoi t'en défendrais-tu ?

LORENZO

Tu ne saurais jamais, à moins d'être fou, de quelle nature est la pensée qui m'a travaillé. Pour comprendre l'exaltation fiévreuse qui a enfanté en moi le Lorenzo qui te parle, il faudrait que mon cerveau et mes entrailles fussent à nu sous un scalpel. Une statue qui descendrait de son piédestal pour marcher parmi les hommes sur la place publique, serait peut-être semblable à ce que j'ai été, le 260 jour où j'ai commencé à vivre avec cette idée : il faut que je sois un Brutus.

PHILIPPE

Tu m'étonnes de plus en plus.

LORENZO

J'ai voulu d'abord tuer Clément VII. Je n'ai pu le faire, parce qu'on m'a banni de Rome avant le temps. J'ai recommencé mon ouvrage avec Alexandre. Je voulais agir seul, sans le secours d'aucun homme. Je travaillais pour l'humanité ; mais mon orgueil restait solitaire au milieu de tous mes rêves philanthropiques. Il fallait donc entamer

---

1. Lorenzo est fasciné par les deux Brutus de l'histoire romaine : l'ancien chassa les Tarquin et établit la république (voir note 1, p. 96). Le second est le fils adoptif et assassin de Jules César (en -44 av. J.-C.).

270 par la ruse un combat singulier avec mon ennemi. Je ne voulais pas soulever les masses, ni conquérir la gloire bavarde d'un paralytique comme Cicéron[1]. Je voulais arriver à l'homme, me prendre corps à corps avec la tyrannie vivante, la tuer, porter mon épée sanglante sur la tribune, et laisser la fumée du sang d'Alexandre monter au nez des harangueurs, pour réchauffer leur cervelle ampoulée.

PHILIPPE

Quelle tête de fer as-tu, ami ! quelle tête de fer !

LORENZO

La tâche que je m'imposais était rude avec Alexandre.
280 Florence était, comme aujourd'hui, noyée de vin et de sang. L'empereur et le pape avaient fait un duc d'un garçon boucher. Pour plaire à mon cousin, il fallait arriver à lui, porté par les larmes des familles ; pour devenir son ami, et acquérir sa confiance, il fallait baiser sur ses lèvres épaisses tous les restes de ses orgies. J'étais pur comme un lis, et cependant je n'ai pas reculé devant cette tâche. Ce que je suis devenu à cause de cela, n'en parlons pas. Tu dois comprendre que j'ai souffert, et il y a des blessures dont on ne lève pas l'appareil[2] impunément. Je suis
290 devenu vicieux, lâche, un objet de honte et d'opprobre – qu'importe ? ce n'est pas de cela qu'il s'agit.

PHILIPPE

Tu baisses la tête, tes yeux sont humides.

LORENZO

Non, je ne rougis point ; les masques de plâtre n'ont point de rougeur au service de la honte. J'ai fait ce que j'ai fait. Tu sauras seulement que j'ai réussi dans mon entreprise. Alexandre viendra bientôt dans un certain lieu d'où il ne sortira pas debout. Je suis au terme de ma peine, et sois certain, Philippe, que le buffle sauvage, quand le bou-

---

1. Musset raille l'éloquence républicaine quand elle n'est pas suivie d'action. Ce reproche avait souvent été fait à Cicéron.
2. *L'appareil* : le pansement.

vier l'abat sur l'herbe, n'est pas entouré de plus de filets, de plus de nœuds coulants, que je n'en ai tissus [1] autour de mon bâtard. Ce cœur, jusques auquel une armée ne serait pas parvenue en un an, il est maintenant à nu sous ma main ; je n'ai qu'à laisser tomber mon stylet pour qu'il y entre. Tout sera fait. Maintenant, sais-tu ce qui m'arrive, et ce dont je veux t'avertir ?

PHILIPPE

Tu es notre Brutus, si tu dis vrai.

LORENZO

Je me suis cru un Brutus, mon pauvre Philippe ; je me suis souvenu du bâton d'or couvert d'écorce [2]. Maintenant je connais les hommes, et je te conseille de ne pas t'en mêler.

PHILIPPE

Pourquoi ?

LORENZO

Ah ! vous avez vécu tout seul, Philippe. Pareil à un fanal éclatant, vous êtes resté immobile au bord de l'océan des hommes, et vous avez regardé dans les eaux la réflexion de votre propre lumière. Du fond de votre solitude, vous trouviez l'océan magnifique sous le dais splendide des cieux. Vous ne comptiez pas chaque flot, vous ne jetiez pas la sonde ; vous étiez plein de confiance dans l'ouvrage de Dieu. Mais moi, pendant ce temps-là, j'ai plongé – je me suis enfoncé dans cette mer houleuse de la vie – j'en ai parcouru toutes les profondeurs, couvert de ma cloche de verre – tandis que vous admiriez la surface, j'ai vu les débris des naufrages, les ossements et les Léviathans [3].

PHILIPPE

Ta tristesse me fend le cœur.

----

1. *Tissu* : forme admise du participe passé pour le verbe « tisser ».
2. Brutus l'Ancien avait offert à Apollon un bâton de cornouiller qui renfermait un bâton d'or, symbole de la folie cachant la sagesse.
3. *Léviathan* : Monstre marin cité dans la Bible. C'est aussi le titre d'un ouvrage de philosophie politique de Hobbes.

LORENZO

C'est parce que je vous vois tel que j'ai été, et sur le point de faire ce que j'ai fait, que je vous parle ainsi. Je ne méprise point les hommes ; le tort des livres et des historiens est de nous les montrer différents de ce qu'ils sont. La vie est comme une cité – on peut y rester cinquante ou soixante ans sans voir autre chose que des promenades et
330 des palais – mais il ne faut pas entrer dans les tripots [1], ni s'arrêter, en rentrant chez soi, aux fenêtres des mauvais quartiers. Voilà mon avis, Philippe. – S'il s'agit de sauver tes enfants, je te dis de rester tranquille ; c'est le meilleur moyen pour qu'on te les renvoie après une petite semonce. – S'il s'agit de tenter quelque chose pour les hommes, je te conseille de te couper les bras, car tu ne seras pas longtemps à t'apercevoir qu'il n'y a que toi qui en aies.

PHILIPPE

Je conçois que le rôle que tu joues t'ait donné de pareilles idées. Si je te comprends bien, tu as pris, dans un
340 but sublime, une route hideuse, et tu crois que tout ressemble à ce que tu as vu.

LORENZO

Je me suis réveillé de mes rêves, rien de plus ; je te dis le danger d'en faire. Je connais la vie, et c'est une vilaine cuisine, sois-en persuadé, ne mets pas la main là-dedans, si tu respectes quelque chose.

PHILIPPE

Arrête ! ne brise pas comme un roseau mon bâton de vieillesse. Je crois à tout ce que tu appelles des rêves ; je crois à la vertu, à la pudeur et à la liberté.

LORENZO

Et me voilà dans la rue, moi, Lorenzaccio ? et les
350 enfants ne me jettent pas de la boue ? Les lits des filles sont encore chauds de ma sueur, et les pères ne prennent pas, quand je passe, leurs couteaux et leurs balais pour

---

1. *Tripots* : maisons de jeux.

m'assommer ? Au fond de ces dix mille maisons que
voilà, la septième génération parlera encore de la nuit où
j'y suis entré, et pas une ne vomit à ma vue un valet de
charrue qui me fende en deux comme une bûche pourrie ?
L'air que vous respirez, Philippe, je le respire ; mon manteau de soie bariolé traîne paresseusement sur le sable fin
des promenades ; pas une goutte de poison ne tombe dans
mon chocolat [1] – que dis-je ? ô Philippe ! les mères pau-    360
vres soulèvent honteusement le voile de leurs filles quand
je m'arrête au seuil de leurs portes ; elles me laissent voir
leur beauté avec un sourire plus vil que le baiser de Judas
– tandis que moi, pinçant le menton de la petite, je serre
les poings de rage en remuant dans ma poche quatre ou
cinq méchantes pièces d'or.

PHILIPPE

Que le tentateur ne méprise pas le faible ; pourquoi
tenter lorsque l'on doute ?

LORENZO

Suis-je un Satan ? Lumière du ciel ! je m'en souviens
encore ; j'aurais pleuré avec la première fille que j'ai     370
séduite, si elle ne s'était mise à rire. Quand j'ai commencé
à jouer mon rôle de Brutus moderne, je marchais dans mes
habits neufs de la grande confrérie du vice, comme un
enfant de dix ans dans l'armure d'un géant de la fable. Je
croyais que la corruption était un stigmate, et que les
monstres seuls le portaient au front. J'avais commencé à
dire tout haut que mes vingt années de vertu étaient un
masque étouffant – ô Philippe ! j'entrai alors dans la vie,
et je vis qu'à mon approche tout le monde en faisait autant
que moi ; tous les masques tombaient devant mon regard ;    380
l'Humanité souleva sa robe, et me montra, comme à un
adepte digne d'elle, sa monstrueuse nudité. J'ai vu les
hommes tels qu'ils sont, et je me suis dit : Pour qui est-ce

---

1. Musset parsème sa pièce de petits anachronismes comme celui-ci (le
chocolat fut introduit en Europe à la fin du XVIe siècle, et ne devint un produit de consommation qu'au XVIIIe siècle). Il incite ainsi son lecteur à la
double lecture du drame historique, qui parle aussi bien du présent que
du passé.

donc que je travaille ? Lorsque je parcourais les rues de Florence, avec mon fantôme à mes côtés, je regardais autour de moi, je cherchais les visages qui me donnaient du cœur, et je me demandais : Quand j'aurai fait mon coup, celui-là en profitera-t-il ? – J'ai vu les républicains dans leurs cabinets, je suis entré dans les boutiques, j'ai
390 écouté et j'ai guetté. J'ai recueilli les discours des gens du peuple, j'ai vu l'effet que produisait sur eux la tyrannie ; j'ai bu, dans les banquets patriotiques [1], le vin qui engendre la métaphore et la prosopopée [2], j'ai avalé entre deux baisers les larmes les plus vertueuses ; j'attendais toujours que l'humanité me laissât voir sur sa face quelque chose d'honnête. J'observais… comme un amant observe sa fiancée, en attendant le jour des noces [3] !…

PHILIPPE

Si tu n'as vu que le mal, je te plains, mais je ne puis te croire. Le mal existe, mais non pas sans le bien, comme
400 l'ombre existe, mais non sans la lumière.

LORENZO

Tu ne veux voir en moi qu'un mépriseur d'hommes : c'est me faire injure. Je sais parfaitement qu'il y en a de bons, mais à quoi servent-ils ? que font-ils ? comment agissent-ils ? Qu'importe que la conscience soit vivante, si le bras est mort ? Il y a de certains côtés par où tout devient bon : un chien est un ami fidèle ; on peut trouver en lui le meilleur des serviteurs, comme on peut voir aussi qu'il se roule sur les cadavres, et que la langue avec laquelle il lèche son maître sent la charogne d'une lieue.
410 Tout ce que j'ai à voir, moi, c'est que je suis perdu, et que les hommes n'en profiteront pas plus qu'ils ne me comprendront.

---

1. Allusion aux banquets où se réunissaient les républicains, pour déjouer la loi qui interdisait les réunions politiques depuis la Restauration.
2. *Prosopopée* : figure de style, consistant à faire parler un absent, un mort ou une abstraction, dans un grand effet oratoire.
3. C'est la troisième fois (après II, 2 et III, 1) que Lorenzo désigne, plus ou moins explicitement, le meurtre d'Alexandre comme le jour de ses noces.

PHILIPPE

Pauvre enfant, tu me navres le cœur ! Mais si tu es honnête, quand tu auras délivré ta patrie, tu le redeviendras. Cela réjouit mon vieux cœur, Lorenzo, de penser que tu es honnête ; alors tu jetteras ce déguisement hideux qui te défigure, et tu redeviendras d'un métal aussi pur que les statues de bronze d'Harmodius et d'Aristogiton [1].

LORENZO

Philippe, Philippe, j'ai été honnête. La main qui a sou- 420
levé une fois le voile de la vérité ne peut plus le laisser
retomber ; elle reste immobile jusqu'à la mort, tenant toujours ce voile terrible, et l'élevant de plus en plus au-
dessus de la tête de l'homme, jusqu'à ce que l'Ange du
sommeil éternel lui bouche les yeux.

PHILIPPE

Toutes les maladies se guérissent, et le vice est aussi une maladie.

LORENZO

Il est trop tard – je me suis fait à mon métier. Le vice a
été pour moi un vêtement, maintenant il est collé à ma
peau. Je suis vraiment un ruffian [2], et quand je plaisante
sur mes pareils, je me sens sérieux comme la Mort au 430
milieu de ma gaieté. Brutus a fait le fou pour tuer
Tarquin [3], et ce qui m'étonne en lui, c'est qu'il n'y ait pas
laissé sa raison. Profite de moi, Philippe, voilà ce que j'ai
à te dire – ne travaille pas pour ta patrie.

PHILIPPE

Si je te croyais, il me semble que le ciel s'obscurcirait
pour toujours, et que ma vieillesse serait condamnée à

---

1. Harmodius et Aristogiton complotèrent contre les tyrans d'Athènes
Hippias et Hipparque, en 514 av. J.-C., et réussirent à tuer le second. Ils
furent exécutés, mais leurs compatriotes leur dressèrent des statues, et ils
passèrent pour des martyrs de la liberté.
2. Voir note 1, p. 59.
3. Musset confond ici Brutus l'Ancien, qui a chassé Tarquin (mais ne l'a
pas tué), et Brutus le Jeune, qui a assassiné César (voir note 1, p. 96 et
note 1, p. 137).

marcher à tâtons. Que tu aies pris une route dangereuse,
cela peut être ; pourquoi ne pourrais-je en prendre une
autre qui me mènerait au même point ? Mon intention est
440 d'en appeler au peuple, et d'agir ouvertement.

LORENZO

Prends garde à toi, Philippe, celui qui te le dit sait pourquoi il le dit. Prends le chemin que tu voudras, tu auras
toujours affaire aux hommes.

PHILIPPE

Je crois à l'honnêteté des républicains.

LORENZO

Je te fais une gageure. Je vais tuer Alexandre ; une fois
mon coup fait, si les républicains se comportent comme ils
le doivent, il leur sera facile d'établir une république, la
plus belle qui ait jamais fleuri sur la terre. Qu'ils aient
pour eux le peuple, et tout est dit. – Je te gage que ni eux
450 ni le peuple ne feront rien. Tout ce que je te demande, c'est
de ne pas t'en mêler ; parle, si tu le veux, mais prends
garde à tes paroles, et encore plus à tes actions. Laisse-moi
faire mon coup – tu as les mains pures, et moi, je n'ai rien
à perdre.

PHILIPPE

Fais-le, et tu verras.

LORENZO

Soit – mais souviens-toi de ceci. Vois-tu, dans cette
petite maison, cette famille assemblée autour d'une table ?
ne dirait-on pas des hommes ? Ils ont un corps, et une âme
dans ce corps. Cependant, s'il me prenait envie d'entrer
460 chez eux, tout seul, comme me voilà, et de poignarder leur
fils aîné au milieu d'eux, il n'y aurait pas un couteau de
levé sur moi.

PHILIPPE

Tu me fais horreur. Comment le cœur peut-il rester
grand, avec des mains comme les tiennes ?

LORENZO

Viens, rentrons à ton palais, et tâchons de délivrer tes enfants.

PHILIPPE

Mais pourquoi tueras-tu le duc, si tu as des idées pareilles ?

LORENZO

Pourquoi ? tu le demandes ?

PHILIPPE

Si tu crois que c'est un meurtre inutile à ta patrie, pour- 470 quoi le commets-tu ?

LORENZO

Tu me demandes cela en face ? Regarde-moi un peu. J'ai été beau, tranquille et vertueux.

PHILIPPE

Quel abîme ! quel abîme tu m'ouvres !

LORENZO

Tu me demandes pourquoi je tue Alexandre ? Veux-tu donc que je m'empoisonne, ou que je saute dans l'Arno ? veux-tu donc que je sois un spectre, et qu'en frappant sur ce squelette… (*Il frappe sa poitrine.*) il n'en sorte aucun son ? Si je suis l'ombre de moi-même, veux-tu donc que je rompe le seul fil qui rattache aujourd'hui mon cœur à 480 quelques fibres de mon cœur d'autrefois ! Songes-tu que ce meurtre, c'est tout ce qui me reste de ma vertu ? Songes-tu que je glisse depuis deux ans sur un rocher taillé à pic, et que ce meurtre est le seul brin d'herbe où j'aie pu cramponner mes ongles ? Crois-tu donc que je n'aie plus d'orgueil, parce que je n'ai plus de honte, et veux-tu que je laisse mourir en silence l'énigme de ma vie ? Oui, cela est certain, si je pouvais revenir à la vertu, si mon appren- tissage du vice pouvait s'évanouir, j'épargnerais peut-être ce conducteur de bœufs – mais j'aime le vin, le jeu et les 490 filles, comprends-tu cela ? Si tu honores en moi quelque

chose, toi qui me parles, c'est mon meurtre que tu honores, peut-être justement parce que tu ne le ferais pas. Voilà assez longtemps, vois-tu, que les républicains me couvrent de boue et d'infamie ; voilà assez longtemps que les oreilles me tintent, et que l'exécration des hommes empoisonne le pain que je mâche. J'en ai assez de me voir conspué par des lâches sans nom, qui m'accablent d'injures pour se dispenser de m'assom-
500  mer, comme ils le devraient. J'en ai assez d'entendre brailler en plein vent le bavardage humain ; il faut que le monde sache un peu qui je suis, et qui il est. Dieu merci, c'est peut-être demain que je tue Alexandre ; dans deux jours j'aurai fini. Ceux qui tournent autour de moi avec des yeux louches, comme autour d'une curiosité monstrueuse apportée d'Amérique, pourront satisfaire leur gosier, et vider leur sac à paroles. Que les hommes me comprennent ou non, qu'ils agissent ou n'agissent pas, j'aurai dit tout ce que j'ai à dire ; je leur
510  ferai tailler leurs plumes, si je ne leur fais pas nettoyer leurs piques, et l'Humanité gardera sur sa joue le soufflet de mon épée marqué en traits de sang. Qu'ils m'appellent comme ils voudront, Brutus ou Érostrate [1], il ne me plaît pas qu'ils m'oublient. Ma vie entière est au bout de ma dague, et que la Providence retourne ou non la tête en m'entendant frapper, je jette la nature humaine à pile ou face sur la tombe d'Alexandre – dans deux jours, les hommes comparaîtront devant le tribunal de ma volonté.

PHILIPPE

520  Tout cela m'étonne, et il y a dans tout ce que tu m'as dit des choses qui me font peine, et d'autres qui me font plaisir. Mais Pierre et Thomas sont en prison, et je ne saurais là-dessus m'en fier à personne qu'à moi-même. C'est en vain que ma colère voudrait ronger son frein ; mes entrailles sont émues trop vivement. Tu peux avoir raison, mais il faut que j'agisse ; je vais rassembler mes parents.

---

1. Érostrate incendia le temple d'Artémis à Éphèse (une des sept merveilles du monde) pour qu'on se souvienne de son nom.

LORENZO

Comme tu voudras, mais prends garde à toi. Garde-moi le secret, même avec tes amis, c'est tout ce que je te demande.                                                                     530

*Ils sortent.*

SCÈNE IV

*Au palais Soderini.*
*Entre* CATHERINE, *lisant un billet.*

CATHERINE

« Lorenzo a dû vous parler de moi, mais qui pourrait vous parler dignement d'un amour pareil au mien ? Que ma plume vous apprenne ce que ma bouche ne peut vous dire, et ce que mon cœur voudrait signer de son sang. »
                                        « ALEXANDRE DE MÉDICIS. »

Si mon nom n'était pas sur l'adresse, je croirais que le messager s'est trompé, et ce que je lis me fait douter de mes yeux. (*Entre Marie.*) Ô ma mère chérie ! voyez ce qu'on m'écrit ; expliquez-moi, si vous pouvez, ce mystère.

MARIE

Malheureuse ! malheureuse ! il t'aime ! Où t'a-t-il 10 vue ? où lui as-tu parlé ?

CATHERINE

Nulle part ; un messager m'a apporté cela comme je sortais de l'église.

MARIE

Lorenzo, dit-il, a dû te parler de lui ! Ah ! Catherine, avoir un fils pareil ! Oui, faire de la sœur de sa mère la maîtresse du duc, non pas même la maîtresse, ô ma fille ! Quels noms portent ces créatures ? je ne puis le dire – oui, il manquait cela à Lorenzo. Viens, je veux lui porter cette lettre ouverte, et savoir, devant Dieu, comment il répondra.

CATHERINE

20 Je croyais que le duc aimait… pardon, ma mère… mais je croyais que le duc aimait la comtesse Cibo [1]… on me l'avait dit…

MARIE

Cela est vrai, il l'a aimée, s'il peut aimer.

CATHERINE

Il ne l'aime plus ? Ah ! comment peut-on offrir sans honte un cœur pareil ! Venez, ma mère, venez chez Lorenzo.

MARIE

Donne-moi ton bras. Je ne sais ce que j'éprouve depuis quelques jours, j'ai eu la fièvre toutes les nuits – il est vrai que, depuis trois mois, elle ne me quitte guère. J'ai trop
30 souffert, ma pauvre Catherine ; pourquoi m'as-tu lu cette lettre ? je ne puis plus rien supporter. Je ne suis plus jeune, et cependant il me semble que je le redeviendrais à certaines conditions ; mais tout ce que je vois m'entraîne vers la tombe. Allons, soutiens-moi, pauvre enfant, je ne te donnerai pas longtemps cette peine.

*Elles sortent.*

SCÈNE V

*Chez la marquise.*
LA MARQUISE, *parée, devant un miroir.*

LA MARQUISE

Quand je pense que cela est, cela me fait l'effet d'une nouvelle qu'on m'apprendrait tout à coup. Quel précipice que la vie ! Comment ! il est déjà neuf heures, et c'est le

---

1. Dans la bouche de Catherine, Musset a laissé à la marquise le titre de comtesse qu'il lui avait attribué dans ses plans antérieurs, suivant l'indication donnée dans le dictionnaire de Moreri.

duc que j'attends dans cette toilette ! N'importe, advienne que pourra, je veux essayer mon pouvoir.

*Entre le Cardinal.*

LE CARDINAL

Quelle parure, marquise ! voilà des fleurs qui embaument.

LA MARQUISE

Je ne puis vous recevoir, cardinal – j'attends une amie – vous m'excuserez.

10

LE CARDINAL

Je vous laisse, je vous laisse. Ce boudoir dont j'aperçois la porte entrouverte là-bas, c'est un petit paradis. Irai-je vous y attendre ?

LA MARQUISE

Je suis pressée, pardonnez-moi – non – pas dans mon boudoir – où vous voudrez.

LE CARDINAL

Je reviendrai dans un moment plus favorable.

*Il sort.*

LA MARQUISE

Pourquoi toujours le visage de ce prêtre ? Quels cercles décrit donc autour de moi ce vautour à tête chauve, pour que je le trouve sans cesse derrière moi quand je me retourne ? Est-ce que l'heure de ma mort serait proche ? (*Entre un page qui lui parle à l'oreille.*) C'est bon, j'y vais. Ah ! ce métier de servante, tu n'y es pas fait, pauvre cœur orgueilleux.

*Elle sort.*

### SCÈNE VI

*Le boudoir de la marquise.*
LA MARQUISE, LE DUC

LA MARQUISE

C'est ma façon de penser – je t'aimerais ainsi.

LE DUC

Des mots, des mots, et rien de plus [1].

LA MARQUISE

Vous autres hommes, cela est si peu pour vous ! Sacrifier le repos de ses jours, la sainte chasteté de l'honneur, quelquefois ses enfants même, – ne vivre que pour un seul être au monde – se donner, enfin, se donner, puisque cela s'appelle ainsi ! Mais cela n'en vaut pas la peine ! à quoi bon écouter une femme ? une femme qui parle d'autre chose que de chiffons et de libertinage, cela ne se voit
10 pas !

LE DUC

Vous rêvez tout éveillée.

LA MARQUISE

Oui, par le ciel ! oui, j'ai fait un rêve – hélas ! les rois seuls n'en font jamais – toutes les chimères de leurs caprices se transforment en réalités, et leurs cauchemars eux-mêmes se changent en marbre. Alexandre ! Alexandre ! quel mot que celui-là : Je peux si je veux ! – Ah ! Dieu lui-même n'en sait pas plus ! – Devant ce mot, les mains des peuples se joignent dans une prière craintive, et le pâle troupeau des hommes retient son haleine pour
20 écouter.

LE DUC

N'en parlons plus, ma chère, cela est fatigant.

---

1. Souvenir du fameux « *Words, words, words !* » de *Hamlet* (II, 2), repris par Lorenzo (IV, 9).

LA MARQUISE

Être un roi, sais-tu ce que c'est ? Avoir au bout de son bras cent mille mains ! Être le rayon de soleil qui sèche les larmes des hommes ! Être le bonheur et le malheur ! Ah ! quel frisson mortel cela donne ! Comme il tremblerait, ce vieux du Vatican [1], si tu ouvrais tes ailes, toi, mon aiglon ! César est si loin ! la garnison t'est si dévouée ! Et, d'ailleurs, on égorge une armée, mais l'on n'égorge pas un peuple. Le jour où tu auras pour toi la nation tout entière, où tu seras la tête d'un corps libre, où tu diras : « Comme le doge de Venise épouse l'Adriatique, ainsi je mets mon anneau d'or au doigt de ma belle Florence, et ses enfants sont mes enfants [2]… » Ah ! sais-tu ce que c'est qu'un peuple qui prend son bienfaiteur dans ses bras ? Sais-tu ce que c'est que d'être montré par un père à son enfant ?

LE DUC

Je me soucie de l'impôt ; pourvu qu'on le paye, que m'importe ?

LA MARQUISE

Mais enfin, on t'assassinera. – Les pavés [3] sortiront de terre, et t'écraseront. Ah ! la Postérité ! N'as-tu jamais vu ce spectre-là au chevet de ton lit ? Ne t'es-tu jamais demandé ce que penseront de toi ceux qui sont dans le ventre des vivants ? Et tu vis, toi – il est encore temps ! Tu n'as qu'un mot à dire. Te souviens-tu du Père de la Patrie [4] ? Va, cela est facile d'être un grand roi, quand on est roi. Déclare Florence indépendante, réclame l'exécution du traité avec l'empire [5], tire ton épée, et montre-la – ils te diront de la remettre au fourreau, que ses éclairs leur font mal aux yeux. Songe donc comme tu es jeune !

1. Paul III était alors âgé de 69 ans.
2. Le doge de Venise célébrait chaque année à l'Ascension ses noces avec l'Adriatique en y jetant un anneau d'or et en prononçant des paroles rituelles.
3. Autre anachronisme : il s'agit des pavés des barricades parisiennes dans les années 1830-1833.
4. Côme l'Ancien, le grand ancêtre des Médicis (voir note 1, p. 73).
5. Allusion à la clause du traité de capitulation de 1530 qui garantissait la liberté des citoyens (voir note 1, p. 47).

Rien n'est décidé sur ton compte. – Il y a dans le cœur des
50  peuples de larges indulgences pour les princes, et la recon-
naissance publique est un profond fleuve d'oubli pour
leurs fautes passées. On t'a mal conseillé, on t'a trompé
– mais il est encore temps – tu n'as qu'à dire – tant que tu
es vivant, la page n'est pas tournée dans le livre de Dieu.

LE DUC

Assez, ma chère, assez.

LA MARQUISE

Ah ! quand elle le sera ! quand un misérable jardinier,
payé à la journée, viendra arroser à contrecœur quelques
chétives marguerites autour du tombeau d'Alexandre
– quand les pauvres respireront gaiement l'air du ciel, et
60  n'y verront plus planer le sombre météore de ta puissance
– quand ils parleront de toi en secouant la tête – quand ils
compteront autour de ta tombe les tombes de leurs parents
– es-tu sûr de dormir tranquille dans ton dernier sommeil ?
– Toi qui ne vas pas à la messe, et qui ne tiens qu'à
l'impôt, es-tu sûr que l'Éternité soit sourde, et qu'il n'y ait
pas un écho de la vie dans le séjour hideux des trépassés ?
Sais-tu où vont les larmes des peuples, quand le vent les
emporte ?

LE DUC

Tu as une jolie jambe.

LA MARQUISE

70  Écoute-moi. Tu es étourdi, je le sais, mais tu n'es pas
méchant ; non, sur Dieu, tu ne l'es pas, tu ne peux pas
l'être. Voyons, fais-toi violence – réfléchis un instant, un
seul instant, à ce que je te dis. N'y a-t-il rien dans tout
cela ? Suis-je décidément une folle ?

LE DUC

Tout cela me passe bien par la tête, mais qu'est-ce que
je fais donc de si mal ? Je vaux bien mes voisins ; je vaux,
ma foi, mieux que le pape. Tu me fais penser aux Strozzi
avec tous tes discours – et tu sais que je les déteste. Tu
veux que je me révolte contre César – César est mon beau-

père [1], ma chère amie. Tu te figures que les Florentins ne 80
m'aiment pas – je suis sûr qu'ils m'aiment, moi. Eh ! parbleu, quand tu aurais raison, de qui veux-tu que j'aie peur ?

LA MARQUISE

Tu n'as pas peur de ton peuple – mais tu as peur de
l'empereur. Tu as tué ou déshonoré des centaines de
citoyens, et tu crois avoir tout fait quand tu mets une cotte
de mailles sous ton habit.

LE DUC

Paix ! point de ceci.

LA MARQUISE

Ah ! je m'emporte ; je dis ce que je ne veux pas dire. Mon
ami, qui ne sait pas que tu es brave ? Tu es brave comme tu
es beau. Ce que tu as fait de mal, c'est ta jeunesse, c'est ta tête 90
– que sais-je, moi ? c'est le sang qui coule violemment dans
ces veines brûlantes, c'est ce soleil étouffant qui nous pèse.
– Je t'en supplie, que je ne sois pas perdue sans ressource ;
que mon nom, que mon pauvre amour pour toi ne soit pas
inscrit sur une liste infâme. Je suis une femme, c'est vrai, et
si la beauté est tout pour les femmes, bien d'autres valent
mieux que moi. Mais n'as-tu rien, dis-moi – dis-moi donc,
toi ! voyons ! n'as-tu donc rien, rien là ?

*Elle lui frappe le cœur.*

LE DUC

Quel démon ! Assieds-toi donc là, ma petite. 100

LA MARQUISE

Eh bien ! oui, je veux bien l'avouer, oui, j'ai de l'ambition, non pas pour moi – mais toi ! toi, et ma chère
Florence ! – Ô Dieu ! tu m'es témoin de ce que je souffre !

LE DUC

Tu souffres ? qu'est-ce que tu as ?

1. Alexandre avait épousé Marguerite d'Autriche, fille naturelle de
Charles Quint.

LA MARQUISE

Non, je ne souffre pas. Écoute ! écoute ! Je vois que tu t'ennuies auprès de moi. Tu comptes les moments, tu détournes la tête – ne t'en va pas encore – c'est peut-être la dernière fois que je te vois. Écoute ! je te dis que Florence t'appelle sa peste nouvelle, et qu'il n'y a pas une 110 chaumière où ton portrait ne soit collé sur les murailles, avec un coup de couteau dans le cœur. Que je sois folle, que tu me haïsses demain, que m'importe ! tu sauras cela.

LE DUC

Malheur à toi, si tu joues avec ma colère !

LA MARQUISE

Oui, malheur à moi ! malheur à moi !

LE DUC

Une autre fois – demain matin, si tu veux – nous pourrons nous revoir, et parler de cela. Ne te fâche pas, si je te quitte à présent ; il faut que j'aille à la chasse.

LA MARQUISE

Oui, malheur à moi ! malheur à moi !

LE DUC

Pourquoi ? Tu as l'air sombre comme l'enfer. Pourquoi 120 diable aussi te mêles-tu de politique ? Allons, allons, ton petit rôle de femme, et de vraie femme, te va si bien. Tu es trop dévote ; cela se formera. Aide-moi donc à remettre mon habit ; je suis tout débraillé.

LA MARQUISE

Adieu, Alexandre.

*Le duc l'embrasse. – Entre le cardinal.*

LE CARDINAL

Ah ! – Pardon, Altesse, je croyais ma sœur toute seule. Je suis un maladroit ; c'est à moi d'en porter la peine. Je vous supplie de m'excuser.

LE DUC

Comment l'entendez-vous ? Allons donc, Malaspina, voilà qui sent le prêtre. Est-ce que vous devez voir ces 130 choses-là ? Venez donc, venez donc ; que diable est-ce que cela vous fait ?

*Ils sortent ensemble.*

LA MARQUISE, *seule, tenant le portrait de son mari*

Où es-tu maintenant, Laurent ? Il est midi passé. Tu te promènes sur la terrasse, devant les grands marronniers. Autour de toi paissent tes génisses grasses ; tes garçons de ferme dînent à l'ombre. La pelouse soulève son manteau blanchâtre aux rayons du soleil ; les arbres, entretenus par tes soins, murmurent religieusement sur la tête blanche de leur vieux maître, tandis que l'écho de nos longues 140 arcades répète avec respect le bruit de ton pas tranquille. Ô mon Laurent ! j'ai perdu le trésor de ton honneur, j'ai voué au ridicule et au doute les dernières années de ta noble vie. Tu ne presseras plus sur ta cuirasse un cœur digne du tien ; ce sera une main tremblante qui t'apportera ton repas du soir quand tu rentreras de la chasse.

SCÈNE VII

*Chez les Strozzi.*
LES QUARANTE STROZZI, *à souper.*

PHILIPPE

Mes enfants, mettons-nous à table.

LES CONVIVES

Pourquoi reste-t-il deux sièges vides ?

PHILIPPE

Pierre et Thomas sont en prison.

LES CONVIVES

Pourquoi ?

PHILIPPE

Parce que Salviati a insulté ma fille, que voilà, à la foire de Montolivet, publiquement, et devant son frère Léon. Pierre et Thomas ont tué Salviati, et Alexandre de Médicis les a fait arrêter pour venger la mort de son ruffian [1].

LES CONVIVES

Meurent les Médicis !

PHILIPPE

10 J'ai rassemblé ma famille pour lui raconter mes chagrins, et la prier de me secourir. Soupons, et sortons ensuite l'épée à la main, pour redemander mes deux fils, si vous avez du cœur.

LES CONVIVES

C'est dit ; nous voulons bien.

PHILIPPE

Il est temps que cela finisse, voyez-vous ! On nous tuerait nos enfants et on déshonorerait nos filles. Il est temps que Florence apprenne à ces bâtards ce que c'est que le droit de vie et de mort. Les Huit n'ont pas le droit de condamner mes enfants ; et moi, je n'y survivrais pas.

LES CONVIVES

20 N'aie pas peur, Philippe, nous sommes là.

PHILIPPE

Je suis le chef de la famille ; comment souffrirais-je qu'on m'insultât ? Nous sommes tout autant que les Médicis, les Ruccellaï tout autant, les Aldobrandini [2] et vingt autres. Pourquoi ceux-là pourraient-ils faire égorger nos enfants plutôt que nous les leurs ? Qu'on allume un tonneau de poudre dans les caves de la citadelle, et voilà la garnison allemande en déroute. Que reste-t-il à ces Médicis ? Là est leur force ; hors de là, ils ne sont rien. Sommes-nous des hommes ? Est-ce à dire

---

1. Voir note 1, p. 59.
2. Autre grande famille aristocratique.

qu'on abattra d'un coup de hache les nobles familles de 30
Florence, et qu'on arrachera de la terre natale des racines
aussi vieilles qu'elle ? C'est par nous qu'on commence,
c'est à nous de tenir ferme. Notre premier cri d'alarme,
comme le coup de sifflet de l'oiseleur, va rabattre sur
Florence une armée tout entière d'aigles chassés du nid.
Ils ne sont pas loin ; ils tournoient autour de la ville, les
yeux fixés sur ses clochers. Nous y planterons le drapeau
noir de la peste ; ils accourront à ce signal de mort. Ce
sont les couleurs de la colère céleste. Ce soir, allons
d'abord délivrer nos fils ; demain nous irons tous 40
ensemble, l'épée nue, à la porte de toutes les grandes
familles. Il y a à Florence quatre-vingts palais, et de
chacun d'eux sortira une troupe pareille à la nôtre, quand
la Liberté y frappera.

LES CONVIVES

Vive la liberté !

PHILIPPE

Je prends Dieu à témoin que c'est la violence qui me
force à tirer l'épée, que je suis resté durant soixante ans
bon et paisible citoyen, que je n'ai jamais fait de mal à qui
que ce soit au monde, et que la moitié de ma fortune a été
employée à secourir les malheureux. 50

LES CONVIVES

C'est vrai.

PHILIPPE

C'est une juste vengeance qui me pousse à la révolte, et
je me fais rebelle parce que Dieu m'a fait père. Je ne suis
poussé par aucun motif d'ambition, ni d'intérêt, ni
d'orgueil. Ma cause est loyale, honorable et sacrée.
Emplissez vos coupes et levez-vous. Notre vengeance est
une hostie que nous pouvons briser sans crainte, et partager devant Dieu. Je bois à la mort des Médicis !

LES CONVIVES *se lèvent et boivent*

À la mort des Médicis !

LOUISE, *posant son verre*

60    Ah ! je vais mourir.

PHILIPPE

Qu'as-tu, ma fille, mon enfant bien-aimée ? qu'as-tu,
mon Dieu ! que t'arrive-t-il ? Mon Dieu, mon Dieu,
comme tu pâlis ! Parle, qu'as-tu ? parle à ton père. Au
secours ! au secours ! Un médecin ! Vite, vite, il n'est plus
temps.

LOUISE

Je vais mourir, je vais mourir.

*Elle meurt.*

PHILIPPE

Elle s'en va, mes amis, elle s'en va ! Un médecin ! ma
fille est empoisonnée !

70                                    *Il tombe à genoux près de Louise.*

UN CONVIVE

Coupez son corset ! faites-lui boire de l'eau tiède ; si
c'est du poison, il faut de l'eau tiède.

*Les domestiques accourent.*

UN AUTRE CONVIVE

Frappez-lui dans les mains, ouvrez les fenêtres, et
frappez-lui dans les mains.

UN AUTRE

Ce n'est peut-être qu'un étourdissement ; elle aura bu
avec trop de précipitation.

UN AUTRE

Pauvre enfant ! comme ses traits sont calmes ! Elle ne
peut pas être morte ainsi tout d'un coup.

PHILIPPE

80    Mon enfant ! es-tu morte, es-tu morte, Louise, ma fille
bien-aimée ?

LE PREMIER CONVIVE

Voilà le médecin qui accourt.

*Un médecin entre.*

LE SECOND CONVIVE

Dépêchez-vous, monsieur ; dites-nous si c'est du poison.

PHILIPPE

C'est un étourdissement, n'est-ce pas ?

LE MÉDECIN

Pauvre jeune fille ! elle est morte.

*Un profond silence règne dans la salle ; Philippe est toujours à genoux auprès de Louise et lui tient les mains.*

UN DES CONVIVES

C'est du poison des Médicis. Ne laissons pas Philippe 90 dans l'état où il est. Cette immobilité est effrayante.

UN AUTRE

Je suis sûr de ne pas me tromper. Il y avait autour de la table un domestique qui a appartenu à la femme de Salviati.

UN AUTRE

C'est lui qui a fait le coup, sans aucun doute. Sortons, et arrêtons-le.

*Ils sortent.*

LE PREMIER CONVIVE

Philippe ne veut pas répondre à ce qu'on lui dit ; il est frappé de la foudre.

UN AUTRE

C'est horrible ! C'est un meurtre inouï !

UN AUTRE

Cela crie vengeance au ciel ! Sortons, et allons égorger 100 Alexandre.

UN AUTRE

Oui, sortons ; mort à Alexandre ! C'est lui qui a tout ordonné. Insensés que nous sommes ! ce n'est pas d'hier que date sa haine contre nous. Nous agissons trop tard.

UN AUTRE

Salviati n'en voulait pas à cette pauvre Louise pour son propre compte ; c'est pour le duc qu'il travaillait. Allons, partons, quand on devrait nous tuer jusqu'au dernier.

PHILIPPE *se lève*

Mes amis, vous enterrerez ma pauvre fille, n'est-ce pas ? *(il met son manteau)* dans mon jardin, derrière les
110 figuiers. Adieu, mes bons amis ; adieu, portez-vous bien.

UN CONVIVE

Où vas-tu, Philippe ?

PHILIPPE

J'en ai assez, voyez-vous ; j'en ai autant que j'en puis porter. J'ai mes deux fils en prison, et voilà ma fille morte. J'en ai assez, je m'en vais d'ici.

UN CONVIVE

Tu t'en vas ? tu t'en vas sans vengeance ?

PHILIPPE

Oui, oui. Ensevelissez seulement ma pauvre fille, mais ne l'enterrez pas, c'est à moi de l'enterrer. Je le ferai à ma façon, chez de pauvres moines que je connais, et qui viendront la chercher demain. À quoi sert-il de la regarder ?
120 elle est morte ; ainsi cela est inutile. Adieu, mes amis, rentrez chez vous, portez-vous bien.

UN CONVIVE

Ne le laissez pas sortir, il a perdu la raison.

UN AUTRE

Quelle horreur ! je me sens prêt à m'évanouir dans cette salle.

*Il sort.*

PHILIPPE

Ne me faites pas violence, ne m'enfermez pas dans une chambre où est le cadavre de ma fille – laissez-moi m'en aller.

UN CONVIVE

Venge-toi, Philippe, laisse-nous te venger. Que ta Louise soit notre Lucrèce [1] ! Nous ferons boire à Alexandre le reste de son verre.

UN AUTRE

La nouvelle Lucrèce ! Nous allons jurer sur son corps de mourir pour la liberté ! Rentre chez toi, Philippe, pense à ton pays ; ne rétracte pas tes paroles.

PHILIPPE

Liberté, vengeance, voyez-vous, tout cela est beau. J'ai deux fils en prison, et voilà ma fille morte. Si je reste ici, tout va mourir autour de moi ; l'important, c'est que je m'en aille, et que vous vous teniez tranquilles. Quand ma porte et mes fenêtres seront fermées, on ne pensera plus aux Strozzi ; si elles restent ouvertes, je m'en vais vous voir tomber tous les uns après les autres. Je suis vieux, voyez-vous, il est temps que je ferme ma boutique. Adieu, mes amis, restez tranquilles ; si je n'y suis plus, on ne vous fera rien. Je m'en vais de ce pas à Venise.

UN CONVIVE

Il fait un orage épouvantable ; reste ici cette nuit.

PHILIPPE

N'enterrez pas ma pauvre enfant ; mes vieux moines viendront demain, et ils l'emporteront. Dieu de justice ! Dieu de justice ! que t'ai-je fait ?

*Il sort en courant.*

---

1. Voir note 1, p. 96.

# ACTE IV

*Au palais du duc.*
*Entrent* LE DUC *et* LORENZO.

LE DUC

J'aurais voulu être là ; il devait y avoir plus d'une face en colère. Mais je ne conçois pas qui a pu empoisonner cette Louise.

LORENZO

Ni moi non plus, à moins que ce ne soit vous.

LE DUC

Philippe doit être furieux ! On dit qu'il est parti pour Venise. Dieu merci, me voilà délivré de ce vieillard insupportable. Quant à la chère famille, elle aura la bonté de se tenir tranquille. Sais-tu qu'ils ont failli faire une petite révolution dans leur quartier ? On m'a tué deux Alle-
10 mands.

LORENZO

Ce qui me fâche le plus, c'est que cet honnête Salviati a une jambe coupée. Avez-vous retrouvé votre cotte de mailles ?

LE DUC

Non, en vérité ; j'en suis plus mécontent que je ne puis le dire.

LORENZO

Méfiez-vous de Giomo ; c'est lui qui vous l'a volée. Que portez-vous à la place ?

LE DUC

Rien. Je ne puis en supporter une autre ; il n'y en a pas d'aussi légère que celle-là.

LORENZO

Cela est fâcheux pour vous.                                                    20

LE DUC

Tu ne me parles pas de ta tante.

LORENZO

C'est par oubli, car elle vous adore ; ses yeux ont perdu le repos depuis que l'astre de votre amour s'est levé dans son pauvre cœur. De grâce, seigneur, ayez quelque pitié pour elle ; dites quand vous voulez la recevoir, et à quelle heure il lui sera loisible de vous sacrifier le peu de vertu qu'elle a.

LE DUC

Parles-tu sérieusement ?

LORENZO

Aussi sérieusement que la Mort elle-même. Je voudrais voir qu'une tante à moi ne couchât pas avec vous.          30

LE DUC

Où pourrais-je la voir ?

LORENZO

Dans ma chambre, seigneur. Je ferai mettre des rideaux blancs à mon lit et un pot de réséda sur ma table ; après quoi je coucherai par écrit sur votre calepin [1] que ma tante

---

1. Deux anachronismes : le calepin, et le réséda (appelé aussi symboliquement « herbe d'amour »), qui ornait les chambres des grisettes au XIXe siècle.

sera en chemise à minuit précis, afin que vous ne l'oubliez pas après souper.

LE DUC

Je n'ai garde. Peste ! Catherine est un morceau de roi. Eh ! dis-moi, habile garçon, tu es vraiment sûr qu'elle viendra ? Comment t'y es-tu pris ?

LORENZO

40      Je vous dirai cela.

LE DUC

Je m'en vais voir un cheval que je viens d'acheter ; adieu et à ce soir. Viens me prendre après souper ; nous irons ensemble à ta maison. Quant à la Cibo, j'en ai par-dessus les oreilles ; hier encore, il a fallu l'avoir sur le dos pendant toute la chasse. Bonsoir, mignon.

*Il sort.*

LORENZO, *seul*

Ainsi c'est convenu. Ce soir je l'emmène chez moi, et demain les républicains verront ce qu'ils ont à faire, car le duc de Florence sera mort. Il faut que j'avertisse Scoron-50  concolo. Dépêche-toi, soleil, si tu es curieux des nouvelles que cette nuit te dira demain.

*Il sort.*

SCÈNE II

*Une rue.*
PIERRE *et* THOMAS STROZZI,
*sortant de prison.*

PIERRE

J'étais bien sûr que les Huit me renverraient absous, et toi aussi. Viens, frappons à notre porte, et allons embrasser notre père. Cela est singulier, les volets sont fermés !

LE PORTIER, *ouvrant*

Hélas ! seigneur, vous savez les nouvelles.

PIERRE

Quelles nouvelles ? tu as l'air d'un spectre qui sort d'un tombeau, à la porte de ce palais désert.

LE PORTIER

Est-il possible que vous ne sachiez rien ?

*Deux moines arrivent.*

THOMAS

Et que pourrions-nous savoir ? Nous sortons de prison. Parle, qu'est-il arrivé ?                                    10

LE PORTIER

Hélas ! mes pauvres seigneurs ! cela est horrible à dire.

LES MOINES, *s'approchant*

Est-ce ici le palais des Strozzi ?

LE PORTIER

Oui ; que demandez-vous ?

LES MOINES

Nous venons chercher le corps de Louise Strozzi. Voilà l'autorisation de Philippe, afin que vous nous laissiez l'emporter.

PIERRE

Comment dites-vous ? Quel corps demandez-vous ?

LES MOINES

Éloignez-vous, mon enfant, vous portez sur votre visage la ressemblance de Philippe ; il n'y a rien de bon à apprendre ici pour vous.                                    20

THOMAS

Comment ? elle est morte ? morte ? ô Dieu du ciel !

*Il s'assoit à l'écart.*

PIERRE

Je suis plus ferme que vous ne pensez. Qui a tué ma
sœur ? car on ne meurt pas à son âge dans l'espace d'une
nuit, sans une cause extraordinaire. Qui l'a tuée, que je le
tue ? Répondez-moi, ou vous êtes mort vous-même.

LE PORTIER

Hélas ! hélas ! qui peut le dire ? Personne n'en sait rien.

PIERRE

Où est mon père ? Viens, Thomas, point de larmes. Par
le ciel ! mon cœur se serre comme s'il allait s'ossifier dans
30 mes entrailles, et rester un rocher pour l'éternité.

LES MOINES

Si vous êtes le fils de Philippe, venez avec nous. Nous
vous conduirons à lui ; il est depuis hier à notre couvent.

PIERRE

Et je ne saurai pas qui a tué ma sœur ? Écoutez-moi,
prêtres ; si vous êtes l'image de Dieu, vous pouvez
recevoir un serment. Par tout ce qu'il y a d'instruments
de supplice sous le ciel, par les tortures de l'enfer…
Non, je ne veux pas dire un mot. Dépêchons-nous, que
je voie mon père. Ô Dieu ! ô Dieu ! faites que ce que je
soupçonne soit la vérité, afin que je les broie sous mes
40 pieds comme des grains de sable. Venez, venez, avant
que je perde la force. Ne me dites pas un mot ; il s'agit
là d'une vengeance, voyez-vous, telle que la colère
céleste n'en a pas rêvé.

*Ils sortent.*

### SCÈNE III

*Une rue.*

LORENZO, SCORONCONCOLO

LORENZO

Rentre chez toi, et ne manque pas de venir à minuit ; tu t'enfermeras dans mon cabinet jusqu'à ce qu'on vienne t'avertir.

SCORONCONCOLO

Oui, monseigneur.

*Il sort.*

LORENZO, *seul*

De quel tigre a rêvé ma mère enceinte de moi ? Quand je pense que j'ai aimé les fleurs, les prairies et les sonnets de Pétrarque, le spectre de ma jeunesse se lève devant moi en frissonnant. Ô Dieu ! pourquoi ce seul mot : « À ce soir » fait-il pénétrer jusque dans mes os cette joie brûlante comme un fer rouge ? De quelles entrailles fauves, de quels velus embrassements suis-je donc sorti ? Que m'avait fait cet homme ? Quand je pose ma main là, sur mon cœur, et que je réfléchis, – qui donc m'entendra dire demain : « Je l'ai tué », sans me répondre : « Pourquoi l'as-tu tué ? » Cela est étrange. Il a fait du mal aux autres, mais il m'a fait du bien, du moins à sa manière. Si j'étais resté tranquille au fond de mes solitudes de Cafaggiuolo [1], il ne serait pas venu m'y chercher, et moi je suis venu le chercher à Florence. Pourquoi cela ? Le spectre de mon père me conduisait-il, comme Oreste, vers un nouvel Égiste [2] ? M'avait-il offensé alors ? Cela est étrange, et cependant pour cette action j'ai tout quitté. La seule pensée de ce meurtre a fait tomber en poussière les rêves de ma vie ; je n'ai plus été qu'une ruine, dès que ce meurtre, comme un corbeau

1. Village proche de Florence où Lorenzo a passé son enfance.
2. Au personnage d'Agamemnon, vengé par son fils Oreste, se superpose ici le spectre du père d'Hamlet qui revient réclamer vengeance à son fils.

sinistre [1], s'est posé sur ma route et m'a appelé à lui. Que veut dire cela ? Tout à l'heure, en passant sur la place, j'ai entendu deux hommes parler d'une comète [2]. Sont-ce bien
30  les battements d'un cœur humain que je sens là, sous les os de ma poitrine ? Ah ! pourquoi cette idée me vient-elle si souvent depuis quelque temps ? – Suis-je le bras de Dieu ? Y a-t-il une nuée au-dessus de ma tête [3] ? Quand j'entrerai dans cette chambre, et que je voudrai tirer mon épée du fourreau, j'ai peur de tirer l'épée flamboyante de l'archange, et de tomber en cendres sur ma proie.

*Il sort.*

### SCÈNE IV

*Chez le marquis Cibo.*
*Entrent* LE CARDINAL *et* LA MARQUISE.

#### LA MARQUISE

Comme vous voudrez, Malaspina.

#### LE CARDINAL

Oui, comme je voudrai. Pensez-y à deux fois, marquise, avant de vous jouer à moi [4]. Êtes-vous une femme comme les autres, et faut-il qu'on ait une chaîne d'or au cou et un mandat à la main, pour que vous compreniez qui on est ? Attendez-vous qu'un valet crie à tue-tête en ouvrant une porte devant moi, pour savoir quelle est ma puissance ? Apprenez-le : ce ne sont pas les titres qui font l'homme – je ne suis ni envoyé du pape, ni capitaine de Charles
10  Quint – je suis plus que cela.

---

1. *Sinistre* : qui passe à gauche (en latin *sinistra*) dans le ciel, donc de mauvais présage.
2. La croyance populaire voit dans le passage d'une comète le signe prémonitoire d'une catastrophe publique.
3. Allusion biblique à la nuée qui guide les Hébreux dans le désert (*Exode*, 13, 21).
4. *Avant de vous jouer à moi* : avant de vous mesurer à moi.

LA MARQUISE

Oui, je le sais. César a vendu son ombre au diable ; cette ombre impériale se promène, affublée d'une robe rouge [1], sous le nom de Cibo.

LE CARDINAL

Vous êtes la maîtresse d'Alexandre, songez à cela ; et votre secret est entre mes mains.

LA MARQUISE

Faites-en ce qu'il vous plaira ; nous verrons l'usage qu'un confesseur sait faire de sa conscience.

LE CARDINAL

Vous vous trompez ; ce n'est pas par votre confession que je l'ai appris. Je l'ai vu de mes propres yeux, je vous ai vue embrasser le duc. Vous me l'auriez avoué au confes- 20 sionnal que je pourrais encore en parler sans péché, puisque je l'ai vu hors du confessionnal.

LA MARQUISE

Eh bien, après ?

LE CARDINAL

Pourquoi le duc vous quittait-il d'un pas si nonchalant, et en soupirant comme un écolier quand la cloche sonne ? Vous l'aviez rassasié de votre patriotisme, qui, comme une fade boisson, se mêle à tous les mets de votre table. Quels livres avez-vous lus, et quelle sotte duègne était donc votre gouvernante, pour que vous ne sachiez pas que la maîtresse d'un roi parle ordinairement d'autre chose que de patriotisme ? 30

LA MARQUISE

J'avoue que l'on ne m'a jamais appris bien nettement de quoi devait parler la maîtresse d'un roi ; j'ai négligé de m'instruire sur ce point, comme aussi, peut-être, de manger du riz pour m'engraisser, à la mode turque.

---

1. On retrouve à la même époque cette figure de « l'homme rouge » (le cardinal qui dirige les affaires en sous-main) dans le *Richelieu* de Hugo (*Marion de Lorme*) et de Vigny (*Cinq-Mars*).

LE CARDINAL

Il ne faut pas une grande science pour garder un amant un peu plus de trois jours.

LA MARQUISE

Qu'un prêtre eût appris cette science à une femme, cela eût été fort simple. Que ne m'avez-vous conseillée ?

LE CARDINAL

Voulez-vous que je vous conseille ? Prenez votre man-
40 teau, et allez vous glisser dans l'alcôve du duc. S'il s'attend à des phrases en vous voyant, prouvez-lui que vous savez n'en pas faire à toutes les heures ; soyez pareille à une somnambule, et faites en sorte que s'il s'endort sur ce cœur républicain, ce ne soit pas d'ennui. Êtes-vous vierge ? n'y a-t-il plus de vin de Chypre ? n'avez-vous pas au fond de la mémoire quelque joyeuse chanson ? n'avez-vous pas lu l'Arétin [1] ?

LA MARQUISE

Ô ciel ! j'ai entendu murmurer des mots comme ceux-
là à de hideuses vieilles qui grelottent sur le Marché-
50 Neuf [2]. Si vous n'êtes pas un prêtre, êtes-vous un homme ? êtes-vous sûr que le ciel est vide, pour faire ainsi rougir votre pourpre elle-même ?

LE CARDINAL

Il n'y a rien de si vertueux que l'oreille d'une femme dépravée. Feignez ou non de me comprendre, mais sou-venez-vous que mon frère est votre mari.

LA MARQUISE

Quel intérêt vous avez à me torturer ainsi, voilà ce que je ne puis comprendre que vaguement. Vous me faites hor-reur – que voulez-vous de moi ?

---

1. L'Arétin (1492-1556), poète, dramaturge, pamphlétaire, auteur notamment des *Ragionamenti*, conversations entre deux courtisanes, et de seize
sonnets licencieux publiés avec des gravures obscènes de Raimondi,
illustrant les « postures de l'Arétin ».
2. Centre des affaires et des intrigues de toutes sortes.

LE CARDINAL

Il y a des secrets qu'une femme ne doit pas savoir, mais qu'elle peut faire prospérer en en sachant les éléments.    60

LA MARQUISE

Quel fil mystérieux de vos sombres pensées voudriez-vous me faire tenir ? Si vos désirs sont aussi effrayants que vos menaces, parlez ; montrez-moi du moins le cheveu qui suspend l'épée sur ma tête.

LE CARDINAL

Je ne puis parler qu'en termes couverts, par la raison que je ne suis pas sûr de vous. Qu'il vous suffise de savoir que, si vous eussiez été une autre femme, vous seriez une reine à l'heure qu'il est. Puisque vous m'appelez l'ombre de César, vous auriez vu qu'elle est assez grande pour intercepter le soleil de Florence. Savez-vous où peut    70 conduire un sourire féminin ? Savez-vous où vont les fortunes dont les racines poussent dans les alcôves ? Alexandre est fils du pape, apprenez-le ; et quand le pape était à Bologne… Mais je me laisse entraîner trop loin.

LA MARQUISE

Prenez garde de vous confesser à votre tour. Si vous êtes le frère de mon mari, je suis la maîtresse d'Alexandre.

LE CARDINAL

Vous l'avez été, marquise, et bien d'autres aussi.

LA MARQUISE

Je l'ai été – oui, Dieu merci, je l'ai été !

LE CARDINAL

J'étais sûr que vous commenceriez par vos rêves ; il faudra cependant que vous en veniez quelque jour aux    80 miens. Écoutez-moi, nous nous querellons assez mal à propos ; mais, en vérité, vous prenez tout au sérieux. Réconciliez-vous avec Alexandre, et puisque je vous ai blessée tout à l'heure en vous disant comment, je n'ai que faire de le répéter. Laissez-vous conduire ; dans un an,

dans deux ans, vous me remercierez. J'ai travaillé longtemps pour être ce que je suis, et je sais où l'on peut aller.
Si j'étais sûr de vous, je vous dirais des choses que Dieu
lui-même ne saura jamais [1].

LA MARQUISE

90    N'espérez rien, et soyez assuré de mon mépris.

*Elle veut sortir.*

LE CARDINAL

Un instant ! Pas si vite ! N'entendez-vous pas le bruit
d'un cheval ? Mon frère ne doit-il pas venir aujourd'hui ou
demain ? Me connaissez-vous pour un homme qui a deux
paroles ? Allez au palais ce soir, ou vous êtes perdue.

LA MARQUISE

Mais enfin, que vous soyez ambitieux, que tous les moyens
vous soient bons, je le conçois ; mais parlerez-vous plus
clairement ? Voyons, Malaspina, je ne veux pas désespérer
tout à fait de ma perversion. Si vous pouvez me convaincre,
100  faites-le – parlez-moi franchement. Quel est votre but ?

LE CARDINAL

Vous ne désespérez pas de vous laisser convaincre,
n'est-il pas vrai ? Me prenez-vous pour un enfant, et
croyez-vous qu'il suffise de me frotter les lèvres de miel
pour me les desserrer ? Agissez d'abord, je parlerai après.
Le jour où, comme femme, vous aurez pris l'empire
nécessaire, non pas sur l'esprit d'Alexandre, duc de Florence, mais sur le cœur d'Alexandre, votre amant, je vous
apprendrai le reste, et vous saurez ce que j'attends.

LA MARQUISE

Ainsi donc, quand j'aurai lu l'Arétin pour me donner
110  une première expérience, j'aurai à lire, pour en acquérir
une seconde, le livre secret de vos pensées ? Voulez-vous
que je vous dise, moi, ce que vous n'osez pas me dire ?
Vous servez le pape, jusqu'à ce que l'empereur trouve que

---

1. L'anticléricalisme de Musset éclate dans cette formule impie mise
dans la bouche d'un cardinal.

vous êtes meilleur valet que le pape lui-même. Vous espérez qu'un jour César vous devra bien réellement, bien complètement, l'esclavage de l'Italie, et ce jour-là – oh ! ce jour-là, n'est-il pas vrai, celui qui est le roi de la moitié du monde pourrait bien vous donner en récompense le chétif héritage des cieux. Pour gouverner Florence en gouvernant le duc, vous vous feriez femme tout à l'heure [1], si vous pouviez. Quand la pauvre Ricciarda Cibo aura fait faire deux ou trois coups d'État à Alexandre, on aura bientôt ajouté que Ricciarda Cibo mène le duc, mais qu'elle est menée par son beau-frère ; et, comme vous dites, qui sait jusqu'où les larmes des peuples, devenues un océan, pourraient lancer votre barque ? Est-ce à peu près cela ? Mon imagination ne peut aller aussi loin que la vôtre, sans doute ; mais je crois que c'est à peu près cela.

LE CARDINAL

Allez ce soir chez le duc, ou vous êtes perdue.

LA MARQUISE

Perdue ? et comment ?

LE CARDINAL

Ton mari saura tout !

LA MARQUISE

Faites-le, faites-le, je me tuerai.

LE CARDINAL

Menace de femme ! Écoutez-moi. Que vous m'ayez compris bien ou mal, allez ce soir chez le duc.

LA MARQUISE

Non.

LE CARDINAL

Voilà votre mari qui entre dans la cour. Par tout ce qu'il y a de sacré au monde, je lui raconte tout, si vous dites « non » encore une fois.

---

1. *Tout à l'heure* : sur-le-champ.

LA MARQUISE

Non, non, non ! *(Entre le marquis.)* Laurent, pendant
140 que vous étiez à Massa, je me suis livrée à Alexandre, je
me suis livrée, sachant qui il était, et quel rôle misérable
j'allais jouer. Mais voilà un prêtre qui veut m'en faire
jouer un plus vil encore ; il me propose des horreurs pour
m'assurer le titre de maîtresse du duc, et le tourner à son
profit.

*Elle se jette à genoux.*

LE MARQUIS

Êtes-vous folle ? Que veut-elle dire, Malaspina ? – Eh
bien ! vous voilà comme une statue. Ceci est-il une
comédie, cardinal ? Eh bien donc ! que faut-il que j'en
150 pense ?

LE CARDINAL

Ah ! corps du Christ [1] !

*Il sort.*

LE MARQUIS

Elle est évanouie. Holà ! qu'on apporte du vinaigre !

SCÈNE V

*La chambre de Lorenzo.*
LORENZO, *deux domestiques.*

LORENZO

Quand vous aurez placé ces fleurs sur la table, et celles-
ci au pied du lit, vous ferez un bon feu, mais de manière à
ce que cette nuit la flamme ne flambe pas, et que les char-
bons échauffent sans éclairer. Vous me donnerez la clef, et
vous irez vous coucher.

*Entre Catherine.*

―――――

1. L'expression est un blasphème.

CATHERINE

Notre mère est malade ; ne viens-tu pas la voir, Renzo ?

LORENZO

Ma mère est malade ?

CATHERINE

Hélas ! je ne puis te cacher la vérité. J'ai reçu hier un
billet du duc, dans lequel il me disait que tu avais dû me 10
parler d'amour pour lui ; cette lecture a fait bien du mal à
Marie.

LORENZO

Cependant je ne t'avais pas parlé de cela. N'as-tu pas pu
lui dire que je n'étais pour rien là-dedans ?

CATHERINE

Je le lui ai dit. Pourquoi ta chambre est-elle aujourd'hui
si belle et en si bon état ? Je ne croyais pas que l'esprit
d'ordre fût ton majordome.

LORENZO

Le duc t'a donc écrit ? Cela est singulier que je ne l'aie
point su. Et, dis-moi, que penses-tu de sa lettre ?

CATHERINE

Ce que j'en pense ?                                          20

LORENZO

Oui, de la déclaration d'Alexandre. Qu'en pense ce petit
cœur innocent ?

CATHERINE

Que veux-tu que j'en pense ?

LORENZO

N'as-tu pas été flattée ? un amour qui fait l'envie de tant
de femmes ! un titre si beau à conquérir, la maîtresse de…
Va-t'en, Catherine, va dire à ma mère que je te suis. Sors
d'ici. Laisse-moi ! *(Catherine sort.)* Par le ciel ! quel

homme de cire suis-je donc ? Le Vice, comme la robe de
Déjanire [1], s'est-il si profondément incorporé à mes fibres,
30 que je ne puisse plus répondre de ma langue, et que l'air
qui sort de mes lèvres se fasse ruffian [2] malgré moi ?
J'allais corrompre Catherine. – Je crois que je corromprais
ma mère, si mon cerveau le prenait à tâche ; car Dieu sait
quelle corde et quel arc les dieux ont tendus dans ma tête,
et quelle force ont les flèches qui en partent ! Si tous les
hommes sont des parcelles d'un foyer immense, assurément l'être inconnu qui m'a pétri a laissé tomber un tison
au lieu d'une étincelle, dans ce corps faible et chancelant.
Je puis délibérer et choisir, mais non revenir sur mes pas
40 quand j'ai choisi. Ô Dieu ! les jeunes gens à la mode ne se
font-ils pas une gloire d'être vicieux, et les enfants qui sortent du collège ont-ils quelque chose de plus pressé que de
se pervertir ? Quel bourbier doit donc être l'espèce
humaine, qui se rue ainsi dans les tavernes avec des lèvres
affamées de débauche, quand, moi, qui n'ai voulu prendre
qu'un masque pareil à leurs visages, et qui ai été aux mauvais lieux avec une résolution inébranlable de rester pur
sous mes vêtements souillés, je ne puis ni me retrouver
moi-même ni laver mes mains, même avec du sang !
50 Pauvre Catherine ! tu mourrais cependant comme Louise
Strozzi, ou tu te laisserais tomber comme tant d'autres
dans l'éternel abîme, si je n'étais pas là. Ô Alexandre ! je
ne suis pas dévot, mais je voudrais, en vérité, que tu fisses
ta prière avant de venir ce soir dans cette chambre. Catherine n'est-elle pas vertueuse, irréprochable ? Combien fau-
drait-il pourtant de paroles, pour faire de cette colombe
ignorante la proie de ce gladiateur aux poils roux ? Quand
je pense que j'ai failli parler ! Que de filles maudites par
leurs pères rôdent au coin des bornes, ou regardent leur
60 tête rasée dans le miroir cassé d'une cellule, qui ont valu
autant que Catherine, et qui ont écouté un ruffian moins
habile que moi ! Eh bien ! j'ai commis bien des crimes, et

---

1. Le centaure Nessus, blessé à mort par Hercule, donna à la femme de
ce dernier, Déjanire, une robe magique qui devait lui ramener son époux
infidèle. Mais elle avait la propriété de s'attacher à la peau et de brûler
atrocement. Hercule se suicida pour mettre fin à ses souffrances.
2. Voir note 1, p. 59.

si ma vie est jamais dans la balance d'un juge quelconque, il y aura d'un côté une montagne de sanglots ; mais il y aura peut-être de l'autre une goutte de lait pur tombée du sein de Catherine, et qui aura nourri d'honnêtes enfants.

*Il sort.*

SCÈNE VI

*Une vallée, un couvent dans le fond.*
*Entrent* PHILIPPE STROZZI *et deux moines.*
*Des novices portent le cercueil de Louise ;*
*ils le posent dans un tombeau.*

PHILIPPE

Avant de la mettre dans son dernier lit, laissez-moi l'embrasser. Lorsqu'elle était couchée, c'est ainsi que je me penchais sur elle pour lui donner le baiser du soir. Ses yeux mélancoliques étaient ainsi fermés à demi, mais ils se rouvraient au premier rayon du soleil, comme deux fleurs d'azur ; elle se levait doucement le sourire sur les lèvres, et elle venait rendre à son vieux père son baiser de la veille. Sa figure céleste rendait délicieux un moment bien triste, le réveil d'un homme fatigué de la vie. Un jour de plus, pensais-je en voyant l'aurore, un sillon de plus 10 dans mon champ ! Mais alors j'apercevais ma fille, la vie m'apparaissait sous la forme de sa beauté, et la clarté du jour était la bienvenue.

*On ferme le tombeau.*

PIERRE STROZZI, *derrière la scène*

Par ici, venez par ici.

PHILIPPE

Tu ne te lèveras plus de ta couche ; tu ne poseras pas tes pieds nus sur ce gazon pour revenir trouver ton père. Ô ma Louise ! il n'y a que Dieu qui ait su qui tu étais, et moi, moi, moi !

PIERRE, *entrant*

20 Ils sont cent à Sestino [1], qui arrivent du Piémont. Venez, Philippe, le temps des larmes est passé.

PHILIPPE

Enfant, sais-tu ce que c'est que le temps des larmes ?

PIERRE

Les bannis se sont rassemblés à Sestino ; il est temps de penser à la vengeance. Marchons franchement sur Florence avec notre petite armée. Si nous pouvons arriver à propos pendant la nuit, et surprendre les postes de la citadelle, tout est dit. Par le ciel ! j'élèverai à ma sœur un autre mausolée que celui-là.

PHILIPPE

Non pas moi ; allez sans moi, mes amis.

PIERRE

30 Nous ne pouvons nous passer de vous ; sachez-le, les confédérés comptent sur votre nom. François Ier lui-même attend de vous un mouvement en faveur de la liberté [2]. Il vous écrit comme au chef des républicains florentins ; voilà sa lettre.

PHILIPPE *ouvre la lettre*

Dis à celui qui t'a apporté cette lettre qu'il réponde ceci au roi de France : « Le jour où Philippe portera les armes contre son pays, il sera devenu fou. »

PIERRE

Quelle est cette nouvelle sentence ?

PHILIPPE

Celle qui me convient.

---

1. Petit bourg proche d'Arezzo, à une centaine de kilomètres de Florence.
2. Pierre Strozzi s'est effectivement rapproché de François Ier.

PIERRE

Ainsi vous perdez la cause des bannis, pour le plaisir de 40
faire une phrase ? Prenez garde, mon père, il ne s'agit pas
là d'un passage de Pline ; réfléchissez avant de dire non.

PHILIPPE

Il y a soixante ans que je sais ce que je devais répondre
à la lettre du roi de France.

PIERRE

Cela passe toute idée ! vous me forceriez à vous dire de
certaines choses. – Venez avec nous, mon père, je vous en
supplie. Lorsque j'allais chez les Pazzi, ne m'avez-vous
pas dit : « Emmène-moi ? » Cela était-il différent alors ?

PHILIPPE

Très différent. Un père offensé qui sort de sa maison
l'épée à la main, avec ses amis, pour aller réclamer justice, 50
est très différent d'un rebelle qui porte les armes contre
son pays, en rase campagne et au mépris des lois.

PIERRE

Il s'agissait bien de réclamer justice ! il s'agissait
d'assommer Alexandre. Qu'est-ce qu'il y a de changé
aujourd'hui ? Vous n'aimez pas votre pays, ou sans cela
vous profiteriez d'une occasion comme celle-ci [1].

PHILIPPE

Une occasion, mon Dieu ! Cela, une occasion !

*Il frappe le tombeau.*

PIERRE

Laissez-vous fléchir.

PHILIPPE

Je n'ai pas une douleur ambitieuse ; laisse-moi seul, 60
j'en ai assez dit.

1. Musset vise ici les atermoiements des républicains d'après 1830.

PIERRE

Vieillard obstiné ! inexorable faiseur de sentences ! vous serez cause de notre perte.

PHILIPPE

Tais-toi, insolent ! sors d'ici !

PIERRE

Je ne puis dire ce qui se passe en moi. Allez où il vous plaira, nous agirons sans vous cette fois. Eh ! mort de Dieu ! il ne sera pas dit que tout soit perdu faute d'un traducteur de latin [1] !

*Il sort.*

PHILIPPE

70   Ton jour est venu, Philippe ! tout cela signifie que ton jour est venu.

*SCÈNE VII*

*Le bord de l'Arno ; un quai.*
*On voit une longue suite de palais.*
*Entre* LORENZO.

LORENZO

Voilà le soleil qui se couche ; je n'ai pas de temps à perdre, et cependant tout ressemble ici à du temps perdu. (*Il frappe à une porte.*) Holà ! seigneur Alamanno ! holà !

ALAMANNO, *sur sa terrasse*

Qui est là ? que me voulez-vous ?

---

1. Philippe Strozzi travaillait à une édition de l'*Histoire naturelle* de Pline l'Ancien.

LORENZO

Je viens vous avertir que le duc doit être tué cette nuit. Prenez vos mesures pour demain avec vos amis, si vous aimez la liberté.

ALAMANNO

Par qui doit être tué Alexandre ?

LORENZO

Par Lorenzo de Médicis.                                              10

ALAMANNO

C'est toi, Renzinaccio [1] ? Eh ! entre donc souper avec de bons vivants qui sont dans mon salon.

LORENZO

Je n'ai pas le temps ; préparez-vous à agir demain.

ALAMANNO

Tu veux tuer le duc, toi ? Allons donc ! tu as un coup de vin dans la tête.

*Il rentre chez lui.*

LORENZO, *seul*

Peut-être que j'ai tort de leur dire que c'est moi qui tuerai Alexandre, car tout le monde refuse de me croire. (*Il frappe à une autre porte.*) Holà ! seigneur Pazzi ! holà !

PAZZI, *sur sa terrasse*

Qui m'appelle ?                                                      20

LORENZO

Je viens vous dire que le duc sera tué cette nuit. Tâchez d'agir demain pour la liberté de Florence.

---

1. Mélange ambigu de deux diminutifs, l'un mélioratif (*-rino*), l'autre péjoratif (*-accio*).

PAZZI

Qui doit tuer le duc ?

LORENZO

Peu importe, agissez toujours, vous et vos amis. Je ne
puis vous dire le nom de l'homme.

PAZZI

Tu es fou, drôle, va-t'en au diable !

*Il rentre.*

LORENZO, *seul*

Il est clair que si je ne dis pas que c'est moi, on me
croira encore bien moins. (*Il frappe à une porte.*) Holà !
30   seigneur Corsini [1] !

LE PROVÉDITEUR, *sur sa terrasse*

Qu'est-ce donc ?

LORENZO

Le duc Alexandre sera tué cette nuit.

LE PROVÉDITEUR

Vraiment, Lorenzo ! Si tu es gris, va plaisanter ailleurs.
Tu m'as blessé bien mal à propos un cheval, au bal des
Nasi ; que le diable te confonde !

*Il rentre.*

LORENZO

Pauvre Florence ! pauvre Florence !

*Il sort.*

---

1. Roberto Corsini est le gouverneur de la forteresse.

## SCÈNE VIII

*Une plaine*[1].
*Entrent* PIERRE STROZZI *et* DEUX BANNIS.

#### PIERRE

Mon père ne veut pas venir. Il m'a été impossible de lui faire entendre raison.

#### PREMIER BANNI

Je n'annoncerai pas cela à mes camarades. Il y a de quoi les mettre en déroute.

#### PIERRE

Pourquoi ? Montez à cheval ce soir, et allez bride abattue à Sestino ; j'y serai demain matin. Dites que Philippe a refusé, mais que Pierre ne refuse pas.

#### PREMIER BANNI

Les confédérés veulent le nom de Philippe ; nous ne ferons rien sans cela.

#### PIERRE

Le nom de famille est le même que le mien. Dites que 10
Strozzi viendra, cela suffit.

#### PREMIER BANNI

On me demandera lequel des Strozzi, et si je ne réponds pas « Philippe » rien ne se fera.

#### PIERRE

Imbécile ! Fais ce qu'on te dit, et ne réponds que pour toi-même. Comment sais-tu d'avance que rien ne se fera ?

#### PREMIER BANNI

Seigneur, il ne faut pas maltraiter les gens.

---

1. On trouve chez Goethe (*Götz von Berlinchingen*, V, 2) et Schiller (*Les Brigands* I, 2) des scènes de campagne comparables où des révoltés finissent par se trouver un chef.

PIERRE

Allons, monte à cheval, et va à Sestino.

PREMIER BANNI

Ma foi, monsieur, mon cheval est fatigué ; j'ai fait douze lieues dans la nuit. Je n'ai pas envie de le seller à 20 cette heure.

PIERRE

Tu n'es qu'un sot. (*À l'autre banni.*) Allez-y, vous ; vous vous y prendrez mieux.

LE DEUXIÈME BANNI

Le camarade n'a pas tort pour ce qui regarde Philippe ; il est certain que son nom ferait bien pour la cause.

PIERRE

Lâches ! Manants sans cœur ! Ce qui fait bien pour la cause, ce sont vos femmes et vos enfants qui meurent de faim, entendez-vous ? Le nom de Philippe leur remplira la bouche, mais il ne leur remplira pas le ventre. Quels pourceaux êtes-vous ?

LE DEUXIÈME BANNI

30 Il est impossible de s'entendre avec un homme aussi grossier. Allons-nous-en, camarade.

PIERRE

Va au diable, canaille ! et dis à tes confédérés que, s'ils ne veulent pas de moi, le roi de France en veut, lui ! et qu'ils prennent garde qu'on ne me donne la main haute sur vous tous !

LE DEUXIÈME BANNI, *à l'autre*

Viens, camarade, allons souper ; je suis, comme toi, excédé de fatigue.

*Ils sortent.*

*SCÈNE IX*

*Une place ; il est nuit.*
*Entre* LORENZO.


LORENZO

Je lui dirai que c'est un motif de pudeur, et j'emporterai
la lumière – cela se fait tous les jours – une nouvelle
mariée, par exemple, exige cela de son mari pour entrer
dans la chambre nuptiale, et Catherine passe pour très vertueuse. – Pauvre fille ! qui l'est sous le soleil, si elle ne
l'est pas ? – Que ma mère mourût de tout cela, voilà ce qui
pourrait arriver.

Ainsi donc, voilà qui est fait. Patience ! une heure est
une heure, et l'horloge vient de sonner. Si vous y tenez
cependant – mais non, pourquoi ? – Emporte le flambeau    10
si tu veux ; la première fois qu'une femme se donne, cela
est tout simple. – Entrez donc, chauffez-vous donc un peu.
– Oh ! mon Dieu, oui, pur caprice de jeune fille ; et quel
motif de croire à ce meurtre ? – Cela pourra les étonner,
même Philippe.

Te voilà, toi, face livide ? *(La lune paraît.)*

Si les républicains étaient des hommes, quelle révolution demain dans la ville ! Mais Pierre est un ambitieux ;
les Ruccellaï seuls valent quelque chose. – Ah ! les mots,
les mots, les éternelles paroles ! S'il y a quelqu'un là-haut,   20
il doit bien rire de nous tous ; cela est très comique, très
comique, vraiment. – Ô bavardage humain ! ô grand tueur
de corps morts ! grand défonceur de portes ouvertes ! ô
hommes sans bras !

Non ! non ! je n'emporterai pas la lumière. – J'irai droit
au cœur ; il se verra tuer… Sang du Christ ! on se mettra
demain aux fenêtres.

Pourvu qu'il n'ait pas imaginé quelque cuirasse nouvelle, quelque cotte de mailles. Maudite invention !
Lutter avec Dieu et le diable, ce n'est rien ; mais lutter   30
avec des bouts de ferraille croisés les uns sur les autres
par la main sale d'un armurier ! – Je passerai le second
pour entrer ; il posera son épée là – ou là – oui, sur le

canapé. – Quant à l'affaire du baudrier [1] à rouler autour
de la garde, cela est aisé. S'il pouvait lui prendre fan-
taisie de se coucher, voilà où serait le vrai moyen.
Couché, assis, ou debout ? assis plutôt. Je commencerai
par sortir ; Scoronconcolo est enfermé dans le cabinet.
Alors nous venons, nous venons – je ne voudrais pour-
40  tant pas qu'il tournât le dos. J'irai à lui tout droit. Allons,
la paix, la paix ! l'heure va venir. – Il faut que j'aille dans
quelque cabaret ; je ne m'aperçois pas que je prends du
froid, et je viderai un flacon. – Non ; je ne veux pas
boire. Où diable vais-je donc ? les cabarets sont fermés.

Est-elle bonne fille ? – Oui, vraiment. – En chemise ?
– Oh ! non, non, je ne le pense pas. – Pauvre Catherine !
– Que ma mère mourût de tout cela, ce serait triste. – Et
quand je lui aurais dit mon projet, qu'aurais-je pu y faire ?
au lieu de la consoler, cela lui aurait fait dire : Crime !
50  Crime ! jusqu'à son dernier soupir !

Je ne sais pourquoi je marche, je tombe de lassitude. *(Il
s'assoit sur un banc.)*

Pauvre Philippe ! une fille belle comme le jour. Une
seule fois je me suis assis près d'elle sous le marronnier ;
ces petites mains blanches, comme cela travaillait ! Que
de journées j'ai passées, moi, assis sous les arbres ! Ah !
quelle tranquillité ! quel horizon à Cafaggiuolo ! Jeannette
était jolie, la petite fille du concierge, en faisant sécher sa
lessive. Comme elle chassait les chèvres qui venaient mar-
60  cher sur son linge étendu sur le gazon ! la chèvre blanche
revenait toujours, avec ses grandes pattes menues. *(Une
horloge sonne.)*

Ah ! ah ! il faut que j'aille là-bas. – Bonsoir, mignon ;
eh ! trinque donc avec Giomo. – Bon vin ! Cela serait plaisant qu'il lui vînt à l'idée de me dire : Ta chambre est-elle
retirée ? entendra-t-on quelque chose du voisinage ? Cela
serait plaisant ; ah ! on y a pourvu. Oui, cela serait drôle
qu'il lui vînt cette idée.

Je me trompe d'heure ; ce n'est que la demie. Quelle est
70  donc cette lumière sous le portique de l'église ? on taille,
on remue des pierres. Il paraît que ces hommes sont cou-

---

1. *Baudrier* : ruban mis en écharpe et servant à porter une épée. La garde est
le rebord placé entre la poignée et la lame, qui évite que la main ne se blesse.

rageux avec les pierres. Comme ils coupent ! comme ils enfoncent ! Ils font un crucifix ; avec quel courage ils le clouent ! Je voudrais voir que leur cadavre de marbre les prît tout d'un coup à la gorge.

Eh bien, eh bien, quoi donc ? j'ai des envies de danser qui sont incroyables. Je crois, si je m'y laissais aller, que je sauterais comme un moineau sur tous ces gros plâtras et sur toutes ces poutres. Eh, mignon, eh, mignon ! mettez vos gants neufs, un plus bel habit que cela, tra la la ! faites- 80 vous beau, la mariée est belle. Mais, je vous le dis à l'oreille, prenez garde à son petit couteau.

*Il sort en courant.*

### SCÈNE X
*Chez le duc.*
LE DUC, *à souper,* GIOMO.
*Entre* LE CARDINAL CIBO.

#### LE CARDINAL

Altesse, prenez garde à Lorenzo.

#### LE DUC

Vous voilà, cardinal ! asseyez-vous donc, et prenez donc un verre.

#### LE CARDINAL

Prenez garde à Lorenzo, duc. Il a été demander ce soir à l'évêque de Marzi la permission d'avoir des chevaux de poste cette nuit.

#### LE DUC

Cela ne se peut pas.

#### LE CARDINAL

Je le tiens de l'évêque lui-même.

### LE DUC

Allons donc ! je vous dis que j'ai de bonnes raisons
10 pour savoir que cela ne se peut pas.

### LE CARDINAL

Me faire croire est peut-être impossible ; je remplis mon devoir en vous avertissant.

### LE DUC

Quand cela serait vrai, que voyez-vous d'effrayant à cela ? Il va peut-être à Cafaggiuolo.

### LE CARDINAL

Ce qu'il y a d'effrayant, monseigneur, c'est qu'en passant sur la place pour venir ici, je l'ai vu de mes yeux sauter sur des poutres et des pierres comme un fou. Je l'ai appelé, et, je suis forcé d'en convenir, son regard m'a fait peur. Soyez certain qu'il mûrit dans sa tête quelque projet pour cette nuit.

### LE DUC

20 Et pourquoi ces projets me seraient-ils dangereux ?

### LE CARDINAL

Faut-il tout dire, même quand on parle d'un favori ? Apprenez qu'il a dit ce soir à deux personnes de ma connaissance, publiquement, sur leur terrasse, qu'il vous tuerait cette nuit.

### LE DUC

Buvez donc un verre de vin, cardinal. Est-ce que vous ne savez pas que Renzo est ordinairement gris au coucher du soleil ?

*Entre sire Maurice.*

### SIRE MAURICE

Altesse, défiez-vous de Lorenzo. Il a dit à trois de mes
30 amis, ce soir, qu'il voulait vous tuer cette nuit.

### LE DUC

Et vous aussi, brave Maurice, vous croyez aux fables ? Je vous croyais plus homme que cela.

SIRE MAURICE

Votre Altesse sait si je m'effraye sans raison. Ce que je dis, je puis le prouver.

LE DUC

Asseyez-vous donc, et trinquez avec le cardinal. – Vous ne trouverez pas mauvais que j'aille à mes affaires. (*Entre Lorenzo.*) Eh bien, mignon, est-il déjà temps ?

LORENZO

Il est minuit tout à l'heure.

LE DUC

Qu'on me donne mon pourpoint de zibeline.

LORENZO

Dépêchons-nous ; votre belle est peut-être déjà au 40 rendez-vous.

LE DUC

Quels gants faut-il prendre ? ceux de guerre, ou ceux d'amour ?

LORENZO

Ceux d'amour, Altesse.

LE DUC

Soit, je veux être un vert-galant [1].

*Ils sortent.*

SIRE MAURICE

Que dites-vous de cela, cardinal ?

LE CARDINAL

Que la volonté de Dieu se fait malgré les hommes.

*Ils sortent.*

---

1. *Vert-galant* : « jeune homme sain et vigoureux, qui est propre à faire l'amour, à rendre aux dames de bons services. » (*Furetière*)

### SCÈNE XI

*La chambre de Lorenzo.*
*Entrent* LE DUC *et* LORENZO.

LE DUC

Je suis transi, – il fait vraiment froid. *(Il ôte son épée.)*
Eh bien, mignon, qu'est-ce que tu fais donc ?

LORENZO

Je roule votre baudrier autour de votre épée, et je la
mets sous votre chevet. Il est bon d'avoir toujours une
arme sous la main.

> *Il entortille le baudrier de manière à empêcher*
> *l'épée de sortir du fourreau.*

LE DUC

Tu sais que je n'aime pas les bavardes, et il m'est revenu
que la Catherine était une belle parleuse. Pour éviter les
10 conversations, je vais me mettre au lit. – À propos, pourquoi donc as-tu fait demander des chevaux de poste à
l'évêque de Marzi ?

LORENZO

Pour aller voir mon frère, qui est très malade, à ce qu'il
m'écrit.

LE DUC

Va donc chercher ta tante.

LORENZO

Dans un instant.

*Il sort.*

LE DUC, *seul*

Faire la cour à une femme qui vous répond « oui »
lorsqu'on lui demande « oui ou non », cela m'a toujours
20 paru très sot et tout à fait digne d'un Français. Aujourd'hui
surtout que j'ai soupé comme trois moines, je serais inca-

pable de dire seulement : « Mon cœur ou mes chères entrailles » à l'infante d'Espagne [1]. Je veux faire semblant de dormir ; ce sera peut-être cavalier, mais ce sera commode.

> *Il se couche.*
> *Lorenzo entre l'épée à la main.*

LORENZO

Dormez-vous, seigneur ?

> *Il le frappe.*

LE DUC

C'est toi, Renzo ?                                              30

LORENZO

Seigneur, n'en doutez pas.

> *Il le frappe de nouveau* [2].
> *Entre Scoronconcolo.*

SCORONCONCOLO

Est-ce fait ?

LORENZO

Regarde, il m'a mordu au doigt. Je garderai jusqu'à la mort cette bague sanglante, inestimable diamant.

SCORONCONCOLO

Ah ! mon Dieu ! c'est le duc de Florence !

LORENZO, *s'asseyant sur le bord de la fenêtre*

Que la nuit est belle ! Que l'air du ciel est pur ! Respire, respire, cœur navré de joie !

SCORONCONCOLO

Viens, maître, nous en avons trop fait ; sauvons-nous.        40

---

1. Sa femme, fille naturelle de Charles-Quint.
2. Par la raréfaction du dialogue en cet instant crucial, Musset laisse ouvert tous les possibles pour le jeu scénique. Varchi et George Sand donnent des détails plus réalistes.

LORENZO

Que le vent du soir est doux et embaumé ! Comme les fleurs des prairies s'entrouvrent ! Ô nature magnifique, ô éternel repos !

SCORONCONCOLO

Le vent va glacer sur votre visage la sueur qui en découle. Venez, seigneur.

LORENZO

Ah ! Dieu de bonté ! quel moment !

SCORONCONCOLO, *à part*

Son âme se dilate singulièrement. Quant à moi, je prendrai les devants.

*Il veut sortir.*

LORENZO

50      Attends ! Tire ces rideaux. Maintenant, donne-moi la clef de cette chambre.

SCORONCONCOLO

Pourvu que les voisins n'aient rien entendu !

LORENZO

Ne te souviens-tu pas qu'ils sont habitués à notre tapage ? Viens, partons.

*Ils sortent.*

# ACTE V

*Au palais du duc.*
*Entrent* VALORI, SIRE MAURICE et GUICCIARDINI [1].
*Une foule de courtisans circulent dans la salle*
*et dans les environs.*

#### SIRE MAURICE

Giomo n'est pas revenu encore de son message ; cela
devient de plus en plus inquiétant.

#### GUICCIARDINI

Le voilà qui entre dans la salle.

#### SIRE MAURICE

Eh bien ! qu'as-tu appris ?

#### GIOMO

Rien du tout.

*Il sort.*

#### GUICCIARDINI

Il ne veut pas répondre. Le cardinal Cibo est enfermé
dans le cabinet du duc ; c'est à lui seul que les nouvelles
arrivent. *(Entre un autre messager.)* Eh bien ! le duc est-il
retrouvé ? sait-on ce qu'il est devenu ?          10

---

1. Historien et homme politique favorable aux Médicis (1483-1540),
oublié dans la liste des personnages.

LE MESSAGER

Je ne sais pas.

*Il entre dans le cabinet.*

VALORI

Quel événement épouvantable, messieurs, que cette disparition ! point de nouvelles du duc ! Ne disiez-vous pas, sire Maurice, que vous l'avez vu hier soir ? Il ne paraissait pas malade ?

*Rentre Giomo.*

GIOMO, *à sire Maurice*

Je puis vous le dire à l'oreille – le duc est assassiné.

SIRE MAURICE

Assassiné ! par qui ? où l'avez-vous trouvé ?

GIOMO

20  Où vous nous aviez dit – dans la chambre de Lorenzo.

SIRE MAURICE

Ah ! sang du diable ! le cardinal le sait-il ?

GIOMO

Oui, Excellence.

SIRE MAURICE

Que décide-t-il ? Qu'y a-t-il à faire ? Déjà le peuple se porte en foule vers le palais. Toute cette hideuse affaire a transpiré – nous sommes morts si elle se confirme – on nous massacrera.

*Des valets portant des tonneaux pleins de vin et de comestibles passent dans le fond.*

GUICCIARDINI

Que signifie cela ? Va-t-on faire des distributions au
30  peuple ?

*Entre un Seigneur de la cour.*

LE SEIGNEUR

Le duc est-il visible, messieurs ? Voilà un cousin à moi, nouvellement arrivé d'Allemagne, que je désire présenter à Son Altesse ; soyez assez bons pour le voir d'un œil favorable.

GUICCIARDINI

Répondez-lui, seigneur Valori ; je ne sais que lui dire.

VALORI

La salle se remplit à tout instant de ces complimenteurs du matin. Ils attendent tranquillement qu'on les admette.

SIRE MAURICE, *à Giomo*

On l'a enterré là ?

GIOMO

Ma foi, oui, dans la sacristie. Que voulez-vous ? Si le peuple apprenait cette mort-là, elle pourrait en causer bien d'autres. Lorsqu'il en sera temps, on lui fera des obsèques publiques. En attendant, nous l'avons emporté dans un tapis.

VALORI

Qu'allons-nous devenir ?

PLUSIEURS SEIGNEURS *s'approchent*

Nous sera-t-il bientôt permis de présenter nos devoirs à Son Altesse ? Qu'en pensez-vous, messieurs ?

*Entre le cardinal Cibo.*

LE CARDINAL

Oui, messieurs, vous pourrez entrer dans une heure ou deux. Le duc a passé la nuit à une mascarade, et il repose en ce moment !

*Des valets suspendent des dominos* [1] *aux croisées* [2].

—————

1. *Dominos* : robes de bal à capuchon.
2. *Croisées* : fenêtres.

LES COURTISANS

Retirons-nous ; le duc est encore couché. Il a passé la nuit au bal.

*Les courtisans se retirent. – Entrent les Huit.*

NICCOLINI [1]

Eh bien, cardinal, qu'y a-t-il de décidé ?

LE CARDINAL

*– Primo avulso, non deficit alter*
*Aureus, et simili frondescit virga metallo* [2].

60                                                        *Il sort.*

NICCOLINI

Voilà qui est admirable ; mais qu'y a-t-il de fait ? Le duc est mort ; il faut en élire un autre, et cela le plus vite possible. Si nous n'avons pas un duc ce soir ou demain, c'en est fait de nous. Le peuple est en ce moment comme l'eau qui va bouillir.

VETTORI

Je propose Octavien de Médicis.

CAPPONI

Pourquoi ? il n'est pas le premier par les droits du sang.

ACCIAIUOLI

Si nous prenions le cardinal ?

SIRE MAURICE

Plaisantez-vous ?

---

1. Niccolini, Vettori, Capponi, Acciaiuoli : membres du tribunal des Huit.
2. « Le premier rameau d'or arraché se remplace par un autre et une même branche du même métal pousse aussitôt » (Virgile, *Énéide*, chant VI, traduction de Musset sur le manuscrit). Il est question du rameau d'or qui ouvre la porte des Enfers. Le cardinal prononça ces vers dans le discours qu'il adressa à Côme nouvellement élu.

RUCCELLAÏ

Pourquoi, en effet, ne prendriez-vous pas le cardinal, 70
vous qui le laissez, au mépris de toutes les lois, se déclarer
seul juge en cette affaire ?

VETTORI

C'est un homme capable de la bien diriger.

RUCCELLAÏ

Qu'il se fasse donner l'ordre du pape.

VETTORI

C'est ce qu'il a fait ; le pape a envoyé l'autorisation par
un courrier que le cardinal a fait partir dans la nuit.

RUCCELLAÏ

Vous voulez dire par un oiseau, sans doute ; car un courrier commence par prendre le temps d'aller, avant d'avoir
celui de revenir. Nous traite-t-on comme des enfants ?

CANIGIANI, *s'approchant*

Messieurs, si vous m'en croyez, voilà ce que nous 80
ferons : nous élirons duc de Florence mon fils naturel
Julien.

RUCCELLAÏ

Bravo ! un enfant de cinq ans ! N'a-t-il pas cinq ans,
Canigiani ?

GUICCIARDINI, *bas*

Ne voyez-vous pas le personnage ? c'est le cardinal qui
lui met dans la tête cette sotte proposition. Cibo serait
régent, et l'enfant mangerait des gâteaux.

RUCCELLAÏ

Cela est honteux ; je sors de cette salle, si on y tient de
pareils discours.

*Entre Corsi.* 90

CORSI

Messieurs, le cardinal vient d'écrire à Côme de
Médicis.

LES HUIT

Sans nous consulter ?

CORSI

Le cardinal a écrit pareillement à Pise, à Arezzo, et à Pistoie, aux commandants militaires. Jacques de Médicis [1] sera demain ici avec le plus de monde possible ; Alexandre Vitelli [2] est déjà dans la forteresse avec la garnison entière. Quant à Lorenzo, il est parti trois courriers pour le joindre.

RUCCELLAÏ

100 Qu'ilse fasse duc tout de suite, votre cardinal, cela sera plus tôt fait.

CORSI

Il m'est ordonné de vous prier de mettre aux voix l'élection de Côme de Médicis, sous le titre provisoire de gouverneur de la république florentine [3].

GIOMO, *à des valets qui traversent la salle*

Répandez du sable autour de la porte, et n'épargnez pas le vin plus que le reste.

RUCCELLAÏ

Pauvre peuple ! quel badaud on fait de toi !

SIRE MAURICE

Allons, messieurs, aux voix. Voici vos billets.

VETTORI

Côme est en effet le premier en droit après Alexandre ; 110 c'est son plus proche parent.

ACCIAIUOLI

Quel homme est-ce ? je le connais fort peu.

CORSI

C'est le meilleur prince du monde.

1. Condottiere au service de Charles Quint.
2. Autre condottiere, au service des Médicis.
3. Louis-Philippe, du 30 juillet au 9 août 1830, porta de même le titre provisoire de « lieutenant-général du royaume ».

GUICCIARDINI

Hé, hé, pas tout à fait cela. Si vous disiez le plus diffus et le plus poli des princes, ce serait plus vrai.

SIRE MAURICE

Vos voix, seigneurs.

RUCCELLAÏ

Je m'oppose à ce vote formellement, et au nom de tous les citoyens.

VETTORI

Pourquoi ?

RUCCELLAÏ

Il ne faut plus à la république ni princes, ni ducs, ni seigneurs – voici monvote.                                                      120

*Il montre son billet blanc.*

VETTORI

Votre voix n'est qu'une voix. Nous nous passerons de vous.

RUCCELLAÏ

Adieu donc ; je m'en lave les mains.

GUICCIARDINI, *courant après lui*

Eh ! mon Dieu, Palla, vous êtes trop violent.

RUCCELLAÏ

Laissez-moi ! J'ai soixante-deux ans passés ; ainsi vous ne pouvez pas me faire grand mal désormais.

*Il sort.*

NICCOLINI

Vos voix, messieurs ! *(Il déplie les billets jetés dans un bonnet.)* Il y a unanimité. Le courrier est-il parti pour  130 Trebbio [1] ?

---

1. La résidence de Côme, située à cinq lieues, et non pas quinze, de Florence.

CORSI

Oui, Excellence. Côme sera ici dans la matinée de demain, à moins qu'il ne refuse.

VETTORI

Pourquoi refuserait-il ?

NICCOLINI

Ah ! mon Dieu ! s'il allait refuser, que deviendrions-nous ? Quinze lieues à faire d'ici à Trebbio pour trouver Côme, et autant pour revenir, ce serait une journée de perdue. Nous aurions dû choisir quelqu'un qui fût plus près de nous.

VETTORI

140   Que voulez-vous ? – notre vote est fait, et il est probable qu'il acceptera. – Tout cela est étourdissant.

*Ils sortent.*

SCÈNE II

*À Venise.*

PHILIPPE STROZZI, *dans son cabinet.*

J'en étais sûr. – Pierre est en correspondance avec le roi de France – le voilà à la tête d'une espèce d'armée, et prêt à mettre le bourg à feu et à sang. C'est donc là ce qu'aura fait ce pauvre nom de Strozzi, qu'on a respecté si longtemps ! – il aura produit un rebelle et deux ou trois massacres. – Ô ma Louise ! tu dors en paix sous le gazon – l'oubli du monde entier est autour de toi, comme en toi, au fond de la triste vallée où je t'ai laissée. *(On frappe à la porte.)* Entrez.

10                                              *Entre Lorenzo.*

LORENZO

Philippe, je t'apporte le plus beau joyau de ta couronne.

PHILIPPE

Qu'est-ce que tu jettes là ? une clef ?

LORENZO

Cette clef ouvre ma chambre, et dans ma chambre est Alexandre de Médicis, mort de la main que voilà.

PHILIPPE

Vraiment ! vraiment ! – cela est incroyable.

LORENZO

Crois-le si tu veux. – Tu le sauras par d'autres que par moi.

PHILIPPE, *prenant la clef*

Alexandre est mort ! – cela est-il possible ?

LORENZO

Que dirais-tu, si les républicains t'offraient d'être duc à sa place ?                                                                  20

PHILIPPE

Je refuserais, mon ami.

LORENZO

Vraiment ! vraiment ! – cela est incroyable.

PHILIPPE

Pourquoi ? – cela est tout simple pour moi.

LORENZO

Comme pour moi de tuer Alexandre. – Pourquoi ne veux-tu pas me croire ?

PHILIPPE

Ô notre nouveau Brutus ! je te crois et je t'embrasse. – La liberté est donc sauvée ! – Oui, je te crois, tu es tel que tu me l'as dit. Donne-moi ta main. – Le duc est mort ! – ah ! il n'y a pas de haine dans ma joie – il n'y a que

30 l'amour le plus pur, le plus sacré pour la patrie, j'en prends
Dieu à témoin.

LORENZO

Allons, calme-toi. – Il n'y a rien de sauvé que moi, qui
ai les reins brisés par les chevaux de l'évêque de Marzi.

PHILIPPE

N'as-tu pas averti nos amis ? N'ont-ils pas l'épée à la
main à l'heure qu'il est ?

LORENZO

Je les ai avertis ; j'ai frappé à toutes les portes républicaines, avec la constance d'un frère quêteur – je leur ai dit
de frotter leurs épées, qu'Alexandre serait mort quand ils
s'éveilleraient. – Je pense qu'à l'heure qu'il est ils se sont
40 éveillés plus d'une fois, et rendormis à l'avenant. – Mais,
en vérité, je ne pense pas autre chose.

PHILIPPE

As-tu averti les Pazzi ? – L'as-tu dit à Corsini ?

LORENZO

À tout le monde – je l'aurais dit, je crois, à la lune, tant
j'étais sûr de n'être pas écouté.

PHILIPPE

Comment l'entends-tu ?

LORENZO

J'entends qu'ils ont haussé les épaules, et qu'ils sont
retournés à leurs dîners, à leurs cornets [1] et à leurs
femmes.

PHILIPPE

Tu ne leur as donc pas expliqué l'affaire ?

---

1. *Cornets* : cornets à dés (ils se sont remis à jouer).

LORENZO

Que diantre voulez-vous que j'explique ? – Croyez- 50
vous que j'eusse une heure à perdre avec chacun d'eux ?
Je leur ai dit – préparez-vous – et j'ai fait mon coup.

PHILIPPE

Et tu crois que les Pazzi ne font rien ? – qu'en sais-tu ?
– Tu n'as pas de nouvelles depuis ton départ, et il y a plusieurs jours que tu es en route.

LORENZO

Je crois que les Pazzi font quelque chose ; je crois qu'ils
font des armes dans leur antichambre, en buvant du vin du
Midi de temps à autre, quand ils ont le gosier sec.

PHILIPPE

Tu soutiens ta gageure ; ne m'as-tu pas voulu parier ce
que tu me dis là ? Sois tranquille, j'ai meilleure espé- 60
rance.

LORENZO

Je suis tranquille, plus que je ne puis dire.

PHILIPPE

Pourquoi n'es-tu pas sorti la tête du duc à la main ? Le
peuple t'aurait suivi comme son sauveur et son chef.

LORENZO

J'ai laissé le cerf aux chiens – qu'ils fassent eux-mêmes
la curée.

PHILIPPE

Tu aurais déifié les hommes, si tu ne les méprisais.

LORENZO

Je ne les méprise point, je les connais. Je suis très persuadé qu'il y en a très peu de très méchants, beaucoup de
lâches, et un grand nombre d'indifférents. Il y en a aussi 70
de féroces comme les habitants de Pistoie, qui ont trouvé
dans cette affaire une petite occasion d'égorger tous leurs

chanceliers en plein midi, au milieu des rues. J'ai appris cela il n'y a pas une heure.

PHILIPPE

Je suis plein de joie et d'espoir ; le cœur me bat malgré moi.

LORENZO

Tant mieux pour vous.

PHILIPPE

Puisque tu n'en sais rien, pourquoi en parles-tu ainsi ? Assurément tous les hommes ne sont pas capables de 80 grandes choses, mais tous sont sensibles aux grandes choses ; nies-tu l'histoire du monde entier ? Il faut sans doute une étincelle pour allumer une forêt, mais l'étincelle peut sortir d'un caillou, et la forêt prend feu. C'est ainsi que l'éclair d'une seule épée peut illuminer tout un siècle.

LORENZO

Je ne nie pas l'histoire, mais je n'y étais pas.

PHILIPPE

Laisse-moi t'appeler Brutus ! Si je suis un rêveur, laisse-moi ce rêve-là. Ô mes amis, mes compatriotes ! vous pouvez faire un beau lit de mort au vieux Strozzi, si 90 vous voulez !

LORENZO

Pourquoi ouvrez-vous la fenêtre ?

PHILIPPE

Ne vois-tu pas sur cette route un courrier qui arrive à franc étrier ? Mon Brutus ! Mon grand Lorenzo ! la liberté est dans le ciel ! je la sens, je la respire.

LORENZO

Philippe ! Philippe ! point de cela – fermez votre fenêtre – toutes ces paroles me font mal.

PHILIPPE

Il me semble qu'il y a un attroupement dans la rue ; un crieur lit une proclamation. Holà, Jean ! allez acheter le papier de ce crieur.

LORENZO

Ô Dieu ! ô Dieu !                                                                                 100

PHILIPPE

Tu deviens pâle comme un mort. Qu'as-tu donc ?

LORENZO

N'as-tu rien entendu ?

*Un domestique entre, apportant la proclamation.*

PHILIPPE

Non ; lis donc un peu ce papier, qu'on criait dans la rue.

LORENZO, *lisant*

« À tout homme, noble ou roturier, qui tuera Lorenzo de Médicis, traître à la patrie et assassin de son maître, en quelque lieu et de quelque manière que ce soit, sur toute la surface de l'Italie, il est promis par le conseil des Huit à Florence : 1° quatre mille florins d'or sans aucune retenue ; 2° une rente de cent florins d'or par an, pour lui   110 durant sa vie, et ses héritiers en ligne directe après sa mort ; 3° la permission d'exercer toutes les magistratures, de posséder tous les bénéfices et privilèges de l'État, malgré sa naissance s'il est roturier ; 4° grâce perpétuelle pour toutes ses fautes, passées et futures, ordinaires et extraordinaires.

         « Signé de la main des Huit. »

Eh bien, Philippe, vous ne vouliez pas croire tout à l'heure que j'avais tué Alexandre ? Vous voyez bien que je l'ai tué.                                                                            120

PHILIPPE

Silence ! quelqu'un monte l'escalier. Cache-toi dans cette chambre.

*Ils sortent.*

### SCÈNE III

*Florence. – Une rue.*
*Entrent* DEUX GENTILSHOMMES.

#### PREMIER GENTILHOMME

N'est-ce pas le marquis Cibo qui passe là ? Il me semble qu'il donne le bras à sa femme ?

*Le marquis et la marquise passent.*

#### DEUXIÈME GENTILHOMME

Il paraît que ce bon marquis n'est pas d'une nature vindicative. Qui ne sait pas à Florence que sa femme a été la maîtresse du feu duc ?

#### PREMIER GENTILHOMME

Ils paraissent bien raccommodés. J'ai cru les voir se serrer la main.

#### DEUXIÈME GENTILHOMME

La perle des maris, en vérité ! Avaler ainsi une cou-
10 leuvre aussi longue que l'Arno, cela s'appelle avoir l'estomac bon.

#### PREMIER GENTILHOMME

Je sais que cela fait parler – cependant je ne te conseille-rais pas d'aller lui en parler à lui-même ; il est de la pre-mière force à toutes les armes, et les faiseurs de calem-bours craignent l'odeur de son jardin.

#### DEUXIÈME GENTILHOMME

Si c'est un original, il n'y a rien à dire.

*Ils sortent.*

SCÈNE IV

*Une auberge.*
*Entrent* PIERRE STROZZI *et* UN MESSAGER.

PIERRE

Ce sont ses propres paroles ?

LE MESSAGER

Oui, Excellence, les paroles du roi lui-même.

PIERRE

C'est bon. (*Le messager sort.*) Le roi de France protégeant la liberté de l'Italie, c'est justement comme un voleur protégeant contre un autre voleur une jolie femme en voyage. Il la défend jusqu'à ce qu'il la viole. Quoi qu'il en soit, une route s'ouvre devant moi, sur laquelle il y a plus de bons grains que de poussière. Maudit soit ce Lorenzaccio, qui s'avise de devenir quelque chose ! Ma vengeance m'a glissé entre les doigts comme un oiseau 10 effarouché ; je ne puis plus rien imaginer ici qui soit digne de moi. Allons faire une attaque vigoureuse au bourg, et puis laissons là ces femmelettes qui ne pensent qu'au nom de mon père, et qui me toisent toute la journée pour chercher par où je lui ressemble. Je suis né pour autre chose que pour faire un chef de bandits.

*Il sort.*

SCÈNE V

*Une place. – Florence.*
L'ORFÈVRE *et* LE MARCHAND DE SOIE, *assis.*

LE MARCHAND

Observez bien ce que je dis, faites attention à mes paroles. Le feu duc Alexandre a été tué l'an 1536 [1], qui est

---

1. Le 6 janvier 1537, selon notre calendrier.

bien l'année où nous sommes – suivez-moi toujours. – Il a donc été tué l'an 1536, voilà qui est fait. Il avait vingt-six ans ; remarquez-vous cela ? Mais ce n'est encore rien ; il avait donc vingt-six ans, bon. Il est mort le 6 du mois ; ah ! ah ! saviez-vous ceci ? n'est-ce pas justement le 6 qu'il est mort ? Écoutez maintenant. Il est mort à six heures de la nuit. Qu'en pensez-vous, père Mondella ? voilà de l'extra-
10 ordinaire, ou je ne m'y connais pas. Il est donc mort à six heures de la nuit. Paix ! ne dites rien encore. Il avait six blessures. Eh bien ! cela vous frappe-t-il à présent ? Il avait six blessures, à six heures de la nuit, le 6 du mois, à l'âge de vingt-six ans, l'an 1536. Maintenant, un seul mot. – Il avait régné six ans.

L'ORFÈVRE

Quel galimatias me faites-vous là, voisin ?

LE MARCHAND

Comment ! comment ! vous êtes donc absolument inca-pable de calculer ? vous ne voyez pas ce qui résulte de ces combinaisons surnaturelles que j'ai l'honneur de vous
20 expliquer ?

L'ORFÈVRE

Non, en vérité, je ne vois pas ce qui en résulte.

LE MARCHAND

Vous ne le voyez pas ? Est-ce possible, voisin, que vous ne le voyiez pas ?

L'ORFÈVRE

Je ne vois pas qu'il en résulte la moindre des choses. – À quoi cela peut-il nous être utile ?

LE MARCHAND

Il en résulte que six Six ont concouru à la mort d'Alexandre. Chut ! ne répétez pas ceci comme venant de moi. Vous savez que je passe pour un homme sage et circonspect ; ne me faites point de tort, au nom de tous les
30 saints ! La chose est plus grave qu'on ne pense, je vous le dis comme à un ami.

L'ORFÈVRE

Allez vous promener ! je suis un homme vieux, mais pas encore une vieille femme. Le Côme arrive aujourd'hui, voilà ce qui résulte le plus clairement de notre affaire ; il nous est poussé un beau dévideur de paroles dans votre nuit de six Six. Ah ! mort de ma vie ! cela ne fait-il pas honte ? Mes ouvriers, voisin, les derniers de mes ouvriers, frappaient avec leurs instruments sur les tables, en voyant passer les Huit, et ils leur criaient : « Si vous ne savez ni ne pouvez agir, appelez-nous, qui agirons [1]. »     40

LE MARCHAND

Il n'y a pas que les vôtres qui aient crié ; c'est un vacarme de paroles dans la ville, comme je n'en ai jamais entendu, même par ouï-dire.

L'ORFÈVRE

Les uns courent après les soldats, les autres après le vin qu'on distribue, et ils s'en remplissent la bouche et la cervelle, afin de perdre le peu de sens commun et de bonnes paroles qui pourraient leur rester.

LE MARCHAND

Il y en a qui voulaient rétablir le Conseil, et élire librement un gonfalonier [2], comme jadis.

L'ORFÈVRE

Il y en a qui voulaient, comme vous dites, mais il n'y en     50 a pas qui aient agi. Tout vieux que je suis, j'ai été au Marché-Neuf, moi, et j'ai reçu dans la jambe un bon coup de hallebarde. Pas une âme n'est venue à mon secours. Les étudiants seuls se sont montrés.

LE MARCHAND

Je le crois bien. Savez-vous ce qu'on dit, voisin ? On dit que le provéditeur, Roberto Corsini, est allé hier soir à l'assemblée des républicains, au palais Salviati.

---

1. Attesté par Varchi. En juillet 1830, les patrons avaient fermé leurs boutiques, à la fois en signe de protestation contre les Ordonnances, et afin de donner quartier libre à leurs ouvriers pour le combat de rues.
2. Magistrat de l'ancienne république florentine. L'allusion à la révolution de Juillet est claire : les républicains se font confisquer le pouvoir, une monarchie va succéder à l'autre.

### L'ORFÈVRE

Rien n'est plus vrai. Il a offert de livrer la forteresse aux amis de la liberté, avec les provisions, les clefs, et tout le reste.

### LE MARCHAND

Et il l'a fait, voisin ? est-ce qu'il l'a fait ? c'est une trahison de haute justice.

### L'ORFÈVRE

Ah bien oui ! on a braillé, bu du vin sucré, et cassé des carreaux ; mais la proposition de ce brave homme n'a seulement pas été écoutée. Comme on n'osait pas faire ce qu'il voulait, on a dit qu'on doutait de lui, et qu'on le soupçonnait de fausseté dans ses offres. Mille millions de diables ! que j'enrage ! Tenez, voilà les courriers de Trebbio qui arrivent ; Côme n'est pas loin d'ici. Bonsoir, voisin, le sang me démange ! il faut que j'aille au palais.

*Il sort.*

### LE MARCHAND

Attendez donc, voisin ; je vais avec vous.

*Il sort. Entre un précepteur avec le petit Salviati et un autre avec le petit Strozzi.*

### LE PREMIER PRÉCEPTEUR

*Sapientissime doctor*, comment se porte Votre Seigneurie ? Le trésor de votre précieuse santé est-il dans une assiette régulière, et votre équilibre se maintient-il convenable, par ces tempêtes où nous voilà ?

### LE DEUXIÈME PRÉCEPTEUR

C'est chose grave, seigneur docteur, qu'une rencontre aussi érudite et aussi fleurie que la vôtre, sur cette terre soucieuse et lézardée. Souffrez que je presse cette main gigantesque, d'où sont sortis les chefs-d'œuvre de notre langue. Avouez-le, vous avez fait depuis peu un sonnet.

LE PETIT SALVIATI

Canaille de Strozzi que tu es !

LE PETIT STROZZI

Ton père a été rossé, Salviati.

LE PREMIER PRÉCEPTEUR

Ce pauvre ébat de notre muse serait-il allé jusqu'à vous, qui êtes homme d'art si consciencieux, si large et si austère ? Des yeux comme les vôtres, qui remuent des 90 horizons si dentelés, si phosphorescents, auraient-ils consenti à s'occuper des fumées peut-être bizarres et osées d'une imagination chatoyante ?

LE DEUXIÈME PRÉCEPTEUR

Oh ! si vous aimez l'art, et si vous nous aimez, dites-nous, de grâce, votre sonnet. La ville ne s'occupe que de votre sonnet.

LE PREMIER PRÉCEPTEUR

Vous serez peut-être étonné que moi, qui ai commencé par chanter la monarchie en quelque sorte, je semble cette fois chanter la république [1].

LE PETIT SALVIATI

Ne me donne pas de coups de pied, Strozzi.                    100

LE PETIT STROZZI

Tiens, chien de Salviati, en voilà encore deux.

LE PREMIER PRÉCEPTEUR

Voici les vers :

Chantons la Liberté, qui refleurit plus âpre [2]…

---

1. Est-ce Hugo qui est visé par Musset ?
2. Dans son poème « Dicté après juillet 1830 », qui figurera en tête des *Chants du crépuscule*, Hugo célébrait le retour de la liberté : « Oh ! l'avenir est magnifique ! Jeunes Français, jeunes amis, / Un siècle pur et pacifique / S'ouvre à vos pas mieux affermis. Chaque jour aura sa conquête. / Depuis la base jusqu'au faîte, / Nous verrons avec majesté, / Comme une mer sur ses rivages, / Monter d'étages en étages / L'irrésistible liberté ».

LE PETIT SALVIATI

Faites donc finir ce gamin-là, monsieur ; c'est un coupe-jarret. Tous les Strozzi sont des coupe-jarrets.

LE DEUXIÈME PRÉCEPTEUR

Allons, petit, tiens-toi tranquille.

LE PETIT STROZZI

Tu y reviens en sournois ? Tiens, canaille, porte cela à ton père, et dis-lui qu'il le mette avec l'estafilade qu'il a reçue de Pierre Strozzi, empoisonneur que tu es ! Vous êtes tous des empoisonneurs.

LE PREMIER PRÉCEPTEUR

Veux-tu te taire, polisson !

*Il le frappe.*

LE PETIT STROZZI

Aye, aye ! il m'a frappé.

LE PREMIER PRÉCEPTEUR

Chantons la Liberté, qui refleurit plus âpre,
Sous des soleils plus mûrs et des cieux plus vermeils.

LE PETIT STROZZI

Aye ! aye ! il m'a écorché l'oreille.

LE DEUXIÈME PRÉCEPTEUR

Vous avez frappé trop fort, mon ami.

*Le petit Strozzi rosse le petit Salviati.*

LE PREMIER PRÉCEPTEUR

Eh bien ! qu'est-ce à dire ?

LE DEUXIÈME PRÉCEPTEUR

Continuez, je vous en supplie.

LE PREMIER PRÉCEPTEUR

Avec plaisir, mais ces enfants ne cessent pas de se battre.

*Les enfants sortent en se battant. Ils les suivent.*

### SCÈNE VI [1]

*Florence. – Une rue.*
*Entrent* DES ÉTUDIANTS *et* DES SOLDATS

UN ÉTUDIANT

Puisque les grands seigneurs n'ont que des langues,
ayons des bras. Holà, les boules [2] ! les boules ! citoyens de
Florence, ne laissons pas élire un duc sans voter.

UN SOLDAT

Vous n'aurez pas les boules ; retirez-vous.

L'ÉTUDIANT

Citoyens, venez ici ; on méconnaît vos droits, on insulte
le peuple.

*Un grand tumulte.*

LES SOLDATS

Gare ! retirez-vous.

UN AUTRE ÉTUDIANT

Nous voulons mourir pour nos droits.

UN SOLDAT

Meurs donc.                                                      10

*Il le frappe.*

L'ÉTUDIANT

Venge-moi, Ruberto, et console ma mère.

*Il meurt.*
*Les étudiants attaquent les soldats ; ils sortent*
*en se battant.*

---

1. Cette scène de révolte estudiantine a été supprimée par Musset sous le
Second Empire, dans l'édition de 1853.
2. Les étudiants réclament des boules pour voter ; Musset a probablement commis une erreur de traduction : Varchi parle des boules qui font
partie des armoiries des Médicis.

### SCÈNE VII

*Venise. – Le cabinet de Strozzi.*
PHILIPPE, LORENZO, *tenant une lettre.*

#### LORENZO

Voilà une lettre qui m'apprend que ma mère est morte [1].
Venez donc faire un tour de promenade, Philippe.

#### PHILIPPE

Je vous en supplie, mon ami, ne tentez pas la destinée.
Vous allez et venez continuellement, comme si cette proclamation de mort n'existait pas.

#### LORENZO

Au moment où j'allais tuer Clément VII, ma tête a été
mise à prix à Rome. Il est naturel qu'elle le soit dans toute
l'Italie, aujourd'hui que j'ai tué Alexandre. Si je sortais de
l'Italie, je serais bientôt sonné à son de trompe dans toute
10 l'Europe, et à ma mort, le bon Dieu ne manquera pas de
faire placarder ma condamnation éternelle dans tous les
carrefours de l'immensité.

#### PHILIPPE

Votre gaieté est triste comme la nuit ; vous n'êtes pas
changé, Lorenzo.

#### LORENZO

Non, en vérité, je porte les mêmes habits, je marche toujours sur mes jambes, et je bâille avec ma bouche ; il n'y
a de changé en moi qu'une misère – c'est que je suis plus
creux et plus vide qu'une statue de fer-blanc.

#### PHILIPPE

Partons ensemble ; redevenez un homme. Vous avez
20 beaucoup fait, mais vous êtes jeune.

#### LORENZO

Je suis plus vieux que le bisaïeul de Saturne – je vous en
prie, venez faire un tour de promenade.

---

1. Invention dramatique de Musset.

PHILIPPE

Votre esprit se torture dans l'inaction ; c'est là votre malheur. Vous avez des travers, mon ami.

LORENZO

J'en conviens ; que les républicains n'aient rien fait à Florence, c'est là un grand travers de ma part. Qu'une centaine de jeunes étudiants, braves et déterminés, se soient fait massacrer en vain, que Côme, un planteur de choux, ait été élu à l'unanimité – oh ! je l'avoue, je l'avoue, ce sont là des travers impardonnables, et qui me font le plus grand tort.    30

PHILIPPE

Ne raisonnons point sur un événement qui n'est pas achevé. L'important est de sortir d'Italie ; vous n'avez point encore fini sur la terre.

LORENZO

J'étais une machine à meurtre, mais à un meurtre seulement.

PHILIPPE

N'avez-vous pas été heureux autrement que par ce meurtre ? Quand vous ne devriez faire désormais qu'un honnête homme, pourquoi voudriez-vous mourir ?

LORENZO

Je ne puis que vous répéter mes propres paroles : Philippe, j'ai été honnête. – Peut-être le redeviendrais-je, sans    40
l'ennui qui me prend. – J'aime encore le vin et les femmes ; c'est assez, il est vrai, pour faire de moi un débauché, mais ce n'est pas assez pour me donner envie de l'être. Sortons, je vous en prie.

PHILIPPE

Tu te feras tuer dans toutes ces promenades.

LORENZO

Cela m'amuse de les voir. La récompense est si grosse, qu'elle les rend presque courageux. Hier, un grand gaillard

à jambes nues m'a suivi un gros quart d'heure au bord de
l'eau, sans pouvoir se déterminer à m'assommer. Le pauvre
50 homme portait une espèce de couteau long comme une
broche ; il le regardait d'un air si penaud qu'il me faisait
pitié – c'était peut-être un père de famille qui mourait de
faim.

PHILIPPE

Ô Lorenzo ! Lorenzo ! ton cœur est très malade. C'était
sans doute un honnête homme ; pourquoi attribuer à la
lâcheté du peuple le respect pour les malheureux ?

LORENZO

Attribuez cela à ce que vous voudrez. Je vais faire un
tour au Rialto.

*Il sort.*

PHILIPPE, *seul*

60 Il faut que je le fasse suivre par quelqu'un de mes gens.
Holà ! Jean ! Pippo ! holà ! (*Entre un domestique.*) Prenez
une épée, vous et un autre de vos camarades, et tenez-vous
à une distance convenable du seigneur Lorenzo, de
manière à pouvoir le secourir si on l'attaque.

JEAN

Oui, monseigneur.

*Entre Pippo.*

PIPPO

Monseigneur, Lorenzo est mort [1]. Un homme était
caché derrière la porte, qui l'a frappé par-derrière, comme
il sortait.

PHILIPPE

70 Courons vite ! Il n'est peut-être que blessé.

---

1. En réalité, Lorenzo mourut onze ans plus tard, en 1548 ; se sentant
menacé, il avait fui Venise pour la Turquie, puis la France, et était revenu
à Venise en 1544.

PIPPO

Ne voyez-vous pas tout ce monde ? Le peuple s'est jeté sur lui. Dieu de miséricorde ! On le pousse dans la lagune.

PHILIPPE

Quelle horreur ! quelle horreur ! Eh quoi ! pas même un tombeau ?

*Il sort.*

SCÈNE VIII

*Florence. – La grande place ;*
*des tribunes publiques sont remplies de monde.*

*Des gens du peuple accourent de tous côtés.*

Vive Médicis ! Il est duc, duc ! il est duc.

LES SOLDATS

Gare, canaille !

LE CARDINAL CIBO, *sur une estrade,*
*à Côme de Médicis*

Seigneur, vous êtes duc de Florence. Avant de recevoir de mes mains la couronne que le pape et César m'ont chargé de vous confier, il m'est ordonné de vous faire jurer quatre choses.

CÔME

Lesquelles, cardinal ?

LE CARDINAL

Faire la justice sans restriction ; ne jamais rien tenter contre l'autorité de Charles Quint ; venger la mort d'Alexandre, et bien traiter le seigneur Jules et la signora 10 Julia, ses enfants naturels.

CÔME

Comment faut-il que je prononce ce serment ?

LE CARDINAL

Sur l'Évangile.

*Il lui présente l'Évangile.*

CÔME

Je le jure à Dieu – et à vous, cardinal. Maintenant donnez-moi la main. *(Ils s'avancent vers le peuple. On entend Côme parler dans l'éloignement.)*

« Très nobles et très puissants seigneurs,

« Le remerciement que je veux faire à vos très illustres
20 et très gracieuses Seigneuries, pour le bienfait si haut que je leur dois, n'est pas autre que l'engagement qui m'est bien doux, à moi si jeune comme je suis, d'avoir toujours devant les yeux, en même temps que la crainte de Dieu, l'honnêteté et la justice, et le dessein de n'offenser personne, ni dans les biens ni dans l'honneur, et, quant au gouvernement des affaires, de ne jamais m'écarter du conseil et du jugement des très prudentes et très judicieuses Seigneuries auxquelles je m'offre en tout, et recommande bien dévotement [1]. »

---

1. Traduction littérale du texte de Varchi.

# **D** O S S I E R

*1* — *Le cas Lorenzo*

*2* — *Le mal du siècle*

*3* — *L'artiste et l'homme d'action*

*4* — *Musset et le drame romantique*

*5* — Lorenzaccio *à la scène*

## 1 — Le cas Lorenzo

Créé par une femme, Sarah Bernhardt, le personnage de Lorenzaccio est l'un des grands rôles masculins les plus prestigieux, mais l'un des plus insaisissables aussi, du théâtre français. Les ambiguïtés de sa personnalité, les interrogations du personnage sur sa propre naissance, sa tendance au dédoublement, sa filiation visible avec l'Oreste grec et le Hamlet de Shakespeare ont incité plusieurs critiques à formuler des hypothèses psychologiques, psychiatriques ou psychanalytiques sur son intériorité supposée, faisant de lui un véritable « cas » clinique.

### ANALYSE PSYCHOLOGIQUE D'UN CAS

S'appuyant sur les théories de Adler, Bernard Masson analyse le comportement de Lorenzo comme le produit d'un complexe d'infériorité, qu'il cherche à compenser dans l'accomplissement du tyrannicide. Sa névrose aurait pour symptômes l'obsession de la virilité chez un être lui-même sexuellement équivoque, une vision simplifiée, manichéenne du monde, un discours le plus souvent à moitié délirant, des débordements hallucinatoires, qui signalent un tempérament dépressif. La faible opinion que Lorenzo a de lui-même produit des pulsions homicides et suicidaires qui vont se réaliser dans les deux dénouements successifs. Selon Bernard Masson, l'échec de l'acte de Lorenzo est psychologiquement programmé :

Il n'est pas surprenant dans ces conditions que le démon de l'action l'ait saisi d'une manière brusque et inattendue. Pour son entrée dans le monde des hommes d'action, cet inactif se porte aux extrêmes : l'acte héroïque le sollicite, paré des prestiges de l'histoire romaine. Encore cet héroïsme est-il suspect : le vandalisme de ce nouvel Alcibiade• décapitant huit statues de marbre sur l'arc de Constantin procède d'un goût assez pervers pour le scandale public, la destruction insolente et inutile, – à moins qu'on ne voie dans cette mutilation une volonté délibérée de sacrilège. De toute façon, l'oscillation entre le crime politique hautement motivé et l'exploit de type érostratien•• jette un doute sur l'aptitude de Lorenzo à l'action ordonnée et constructive.

Il convient d'ajouter qu'à aucun moment Lorenzo ne semble vraiment coller à son acte, en le reconnaissant pour sien. Bien des images le font sentir comme un corps étranger et suggèrent une distance entre le goût foncier de Lorenzo pour la tranquillité passive et cette entreprise surajoutée qui violente sa nature profonde ; par exemple, celle-ci : « *la seule pensée de ce meurtre a fait tomber en poussière les rêves de ma vie ; je n'ai plus été qu'une ruine, dès que ce meurtre, comme un corbeau sinistre, s'est posé sur ma route et m'a appelé à lui* » (IV, 3).

Enfin l'action chez Lorenzo n'est conçue que solitaire. D'un bout à l'autre de sa carrière militante, Lorenzo n'envisage jamais la moindre collaboration politique : « *je travaillais pour l'humanité*, avoue-t-il ; *mais mon orgueil restait solitaire au milieu de tous mes rêves philanthropiques* » (III, 3). Jouer ainsi son destin entre la solitude et l'abstraction, ce n'est pas là l'état d'esprit d'un homme né pour l'action. Il y a, en tout cas, plus de bravade que de conscience politique dans ce rêve d'un

• *Alcibiade est un personnage politique fascinant et ambigu de la fin du $V^e$ siècle av. J.-C., qui fut accusé en -416, à l'époque de l'expédition de Sicile, d'avoir mutilé les Hermès des carrefours et d'avoir parodié les mystères d'Eleusis ; ayant tenté d'échapper au jugement et s'étant réfugié à Sparte – ville ennemie d'Athènes –, il fut condamné à mort par contumace, et ses biens furent confisqués.*
•• *Erostrate avait incendié le temple d'Éphèse pour qu'on n'oublie pas son nom (voir note 1, p. 146).*

« *corps à corps avec la tyrannie vivante* » qui monte à la tête de ce terroriste d'occasion. L'action destructive d'un Tchen, dans *La Condition humaine* de Malraux, si solitaire et si désespérée qu'elle soit, prend un sens dans la mesure où elle s'intègre à un puissant mouvement révolutionnaire dont les forces sont organisées et coordonnées. Rien de cela chez Lorenzo : c'est un jeu solitaire et secret de bout en bout, d'où est exclu tout souci de mettre en place les complicités nécessaires à la réussite politique de l'entreprise. Peu s'en faut qu'on ne pressente en une action aussi mal concertée la préméditation de l'échec.

Le rythme de l'action va se ressentir de ces données initiales du tempérament : conception foudroyante, exécution ralentie, tel est à peu près le schéma auquel obéit le meurtrier du duc Alexandre. Tout se passe comme si Lorenzo prenait son temps et retardait sans cesse le moment de passer à l'exécution finale [1].

Pour subtile qu'elle soit, cette analyse psychologique n'est pas forcément convaincante, dans la mesure où elle considère le personnage comme une personne réelle, douée d'une profondeur et d'une intériorité à laquelle en réalité nul ne saurait avoir accès, et pour cause, puisque le personnage n'est pas un être humain. On peut d'ailleurs aussi bien, et d'autres critiques l'ont aussitôt fait, démonter point par point chacune de ces suppositions : l'acte de Lorenzo n'est pas conçu brusquement, mais remonte à ses lectures de jeunesse, d'où surgirent ces modèles fascinants de tyrannicides que sont les deux Brutus, Harmodius et Aristogiton. La lenteur de l'exécution de l'acte est toute subjective : on peut tout autant admirer la rigueur de

1. Bernard Masson, Lorenzaccio *ou la difficulté d'être*, Minard, « Archives des Lettres modernes », 1968, p. 31-33.

Lorenzo pour préparer son crime. Le tyrannicide agit seul, mais il ne se fait pas faute de prévenir les républicains au quatrième acte, afin qu'ils transforment son geste en événement politique. Réduire la faille du personnage et sa conscience en crise à une faiblesse psychologique, c'est renoncer à voir la dimension historique et politique de ses contradictions.

## DON JUAN ET ŒDIPE

L'approche psychocritique, parce qu'elle prend pour objet non pas le seul personnage de Lorenzo, mais le dispositif du texte tout entier, peut sembler plus fructueuse. On peut partir des références mythiques de la fable. Dès la première scène, on perçoit la réécriture de *Don Juan* : Alexandre, grand prédateur, grand corrupteur, est encore plus scandaleux que le Don Juan de Molière ou celui de Mozart. Il ne se contente pas de braver la loi : il est à la tête de l'État, il *incarne* la Loi ; cette aberration est la tyrannie même, ses conséquences – familles défaites, pères et fils envoyés en exil, filles prostituées – sont désastreuses pour la cohésion sociale. Lorenzaccio incarne tour à tour Sganarelle-Leporello, le valet à la fois critique et adjuvant, et la statue du Commandeur, qui se met à « marcher parmi les hommes sur la place publique » (III, 3) et s'efforce – vainement – de rétablir le Droit.

Le mythe de Don Juan s'articule à celui d'Œdipe, à travers la référence explicite à Oreste, et implicite (parce qu'anachronique dans le temps de la fiction) à Hamlet. Alexandre est bâtard, mais de la branche aînée des Médicis, Lorenzo est lé-

gitime, mais de la branche cadette. La rivalité pour le pouvoir, tacite, s'exprime à
travers une rivalité d'hommes : le duc dé-
virilise son mignon évanoui à la vue d'une
épée en l'appelant Lorenzetta, mais le soir
des « noces » Lorenzo empêche l'épée
d'Alexandre, symbole phallique mani-
feste, de sortir de son fourreau, tout
comme il ne le laisse pas coucher avec sa
tante Catherine, métonymie de sa mère.
L'articulation entre les sphères privée et
publique se fait par la métaphore de Florence en mère indigne, qui complète le
schéma d'une triangulation classique : la
mère (Clytemnestre, Gertrude, Florence)
est déshonorée par un usurpateur cri-
minel (Égisthe, Claudius, Alexandre) que
cherche à punir le fils spolié et trahi
(Oreste, Hamlet, Lorenzo).

Dans une étude psychocritique, Pierre
Laforgue montre l'enjeu historique, en
1833, de cette réécriture ; l'impensable,
c'est la légitimation de la bâtardise, c'est-
à-dire l'impossible identification du
peuple à Louis-Philippe :

Alexandre le bâtard est la figure de l'inceste.
Comme il ne peut pas « nommer sa mère »,
tous ses actes de débauche sont incestueux, et
plus spécialement son exercice érotique du
pouvoir, qui n'est qu'une prostitution de Florence, l'image même de la mère dans *Lorenzaccio*. Bâtard, son mode d'être au monde ne
peut être que l'inceste.

Si le duc n'a pas conscience d'être le
monstre incestueux qu'il est, les autres personnages en sont tous convaincus à sa place et ne
se privent pas de le dire en mettant constamment en avant la bâtardise d'Alexandre. Le
traître de bâtard est pour eux une façon de se
persuader de leur propre légitimité politique, et
même simplement de revendiquer leur statut

d'hommes et de citoyens. D'elle-même la bâtardise du duc mobilise chez les autres les régions obscures de leur identité. On l'a vu à propos du monologue de Lorenzo à l'acte IV (3), on en a un pareil exemple dans la bouche de Pierre Strozzi, révélant à son père le semblant de conjuration qui se met en place. Dans la conversation, cette phrase : « Nous sommes là une cinquantaine, les Rucellai et d'autres, qui ne portons pas le bâtard dans nos entrailles » (III, 2). La crudité de l'expression est parlante, mais l'expression elle-même est difficile à analyser. Dans sa thématique elle renvoie à l'origine impensable d'Alexandre et de son pouvoir et suggère une opposition politique de nature fantasmatique entre le duc et ses adversaires.

La seule solution est donc de le tuer, pour mettre fin au règne d'un bâtard qui usurpe les droits des enfants légitimes et s'arroge la puissance paternelle. Peut-être cette interprétation est-elle tenable dans une perspective psychanalytique, mais elle s'effondre dès lors qu'on reformule la question de l'Œdipe dans le contexte idéologique qui est celui de *Lorenzaccio*. D'ordinaire il s'établit une équivalence entre roi et père : une telle équivalence ne joue pas dans le drame de Musset, parce que Alexandre n'est pas roi. Il ne s'agit pas de différence hiérarchique entre duc et roi, mais de sacralité politique : à l'évidence le pouvoir d'Alexandre n'a rien de sacré. Alexandre est un roi de carnaval, à lui-même son propre bouffon ; il carnavalise tout ce qu'il touche et procède à une systématique inversion de l'ordre établi. Avec lui comme duc la mascarade triomphe : la première fois qu'il apparaît en public (I, 2), c'est travesti, sortant d'un bal masqué, où s'est retrouvée toute la noblesse de Florence, républicains compris. Quatre actes plus loin, ce pape des fous, fils de pape, est déposé, le 6 janvier, jour des rois : c'est dans la logique du carnaval. Cette présence du carnaval du début à la fin de la pièce doit suffire à invalider une lecture souvent faite de *Lorenzaccio*, qui voit dans le drame de Florence en 1537 une transposition des événements de juillet 1830. Cela n'est vrai que du cinquième acte. Juillet 1830 commence, en fait, bien avant « l'élection de Côme de Médicis, sous le titre provisoire de gouverneur de la république florentine » (V, 1) : dès l'installation d'Alexandre de Médicis comme duc de Florence. En outre, il ne se produit pas de changement dynastique après son élimination : c'est un Médicis qui remplace un Médicis, et non un Orléans un Bourbon. Le monde de *Lorenzaccio* est orléaniste dès le début, c'est un monde post-légitimiste. C'est pourquoi on ne peut penser, comme les républicains, la politique du moment selon l'opposition bâtardise / légitimité, puisque les valeurs de la bâtardise sont désormais universelles et reconnues : Côme doit jurer à Dieu et au cardinal de « bien traiter le seigneur Jules et la signora Julia », les enfants naturels d'Alexandre (V, 7). La bâtardise a maintenant droit de cité.

Depuis le 21 janvier 1793 il n'y a plus de roi en France, ni surtout d'image du roi. La symbolique qui s'y attachait a disparu et avec elle tous les processus d'identification imaginaire. Vouloir débusquer Œdipe dans la cité n'a plus de sens [1].

*Dossier*

1. Pierre Laforgue, « Œdipe à Florence », *Lorenzaccio*, Cahiers Textuel, n° 8, 1991, p. 53-55.

La faille interne de Lorenzo représente les contradictions de l'époque de Musset, le malaise profond de la génération de 1830. La mélancolie de Lorenzo, son hésitation sur sa véritable identité, sa quête d'un acte qui justifie son existence, s'inscrivent dans ce cadre d'une lutte interne entre quête du sens et désenchantement.

## LE « VAGUE DES PASSIONS »

Chateaubriand donne une explication métaphysique à ce qu'il appelle le « vague des passions » qui caractérise son époque ; selon lui, c'est le dualisme chrétien qui, en réprimant le corps et les passions, a d'abord installé l'homme dans le déchirement, le conflit intérieur, la conscience malheureuse ; ce sont ensuite les Lumières qui ont porté le soupçon sur la nature des passions, en cherchant à les expliquer rationnellement. Ce faisant, elles ne les ont pas affaiblies, mais rendues vagues, imaginaires, indéterminées :

Il reste à parler d'un état de l'âme qui, ce nous semble, n'a pas encore été bien observé ; c'est celui qui précède le développement des passions, lorsque nos facultés, jeunes, actives, entières mais renfermées, ne se sont exercées que sur elles-mêmes, sans but et sans objet. Plus les peuples avancent en civilisation, plus cet état du *vague* des passions augmente ; car il arrive alors une chose fort triste : le grand nombre d'exemples qu'on a sous les yeux, la multitude de livres qui traitent de l'homme et de ses sentiments, rendent habiles sans expérience. On est détrompé sans avoir joui ; il reste encore des désirs, et l'on n'a plus d'illusions. L'imagination est riche, abondante et merveilleuse ; l'existence pauvre, sèche et désenchantée. On habite, avec un cœur plein, un monde vide ; et, sans avoir usé de rien, on est désabusé de tout [...].

Formée pour nos misères et pour nos besoins, la religion chrétienne nous offre sans cesse le double tableau des chagrins de la terre et des joies célestes ; et, par ce moyen, elle fait dans le cœur une source de maux présents et d'espérances lointaines, d'où découlent d'inépuisables rêveries. Le chrétien se regarde toujours comme un voyageur qui passe ici-bas dans une vallée de larmes, et qui ne repose qu'au tombeau. Le monde n'est point l'objet de ses vœux, car il sait que l'*homme vit peu de jours*, et que cet objet lui échapperait vite.

Les persécutions qu'éprouvèrent les premiers fidèles augmentèrent en eux ce dégoût des choses de la vie. L'invasion des Barbares y mit le comble, et l'esprit humain en reçut une impression de tristesse, et peut-être même une teinte de misanthropie qui ne s'est jamais bien effacée. De toutes parts s'élevèrent des couvents, où se retirèrent des malheureux trompés par le monde, et des âmes qui aimaient mieux ignorer certains sentiments de la vie, que de s'exposer à les voir cruellement trahis. Mais, de nos jours, quand les monastères, ou la vertu qui y conduit, ont manqué à ces âmes ardentes, elles se sont trouvées étrangères au milieu des hommes. Dégoûtées par leur siècle, effrayées par leur religion, elles sont restées dans le monde, sans se livrer au monde : alors elles sont devenues la proie de mille chimères ; alors on a vu naître cette coupable mélancolie qui s'engendre au milieu des passions, lorsque ces passions sans objet, se consument d'elles-mêmes dans un cœur solitaire [1].

*Dossier*

---

1. Chateaubriand, *Génie du christianisme*, II, III, 9.

## Le « mal du siècle » et l'Histoire

Dans *La Confession d'un enfant du siècle* (1836), Musset fait dépendre la mélancolie ambiante du traumatisme historique de la Révolution et de l'Empire. L'époque peinte dans les premiers chapitres de ce récit autobiographique, c'est la Restauration, mais elle n'est pas mentionnée explicitement, les allusions aux événements restant le plus souvent voilées ; aussi peut-on superposer au temps du récit celui de l'écriture même du texte, en pleine monarchie de Juillet.

La crise inaugurale vient de l'incarnation de la nation dans une figure ambiguë du grand homme, celle de Napoléon Ier, perçu par Musset à la fois comme un héros et un tyran, dans un rapport d'attraction-répulsion, et donc, fondamentalement, de défiance envers le politique. Dans *Lorenzaccio*, le scepticisme, même s'il n'est pas entièrement désespéré, est profond : aucune confiance ne peut être accordée aux républicains, qui ne réussissent pas à s'unir pour transformer l'acte de Lorenzo en événement véritable. Le constat est amer : de même que la Ire République a rapidement dérivé vers le pouvoir personnel de Napoléon, de même les républicains qui ont fait la révolution de 1830 se sont-ils laissé confisquer le pouvoir. À quel régime se fier quand le peuple ne peut plus ni assumer seul ses responsabilités, ni se reconnaître dans la figure du roi ? Musset peint cette désorientation générale dans *La Confession d'un enfant du siècle* :

Les uns disaient : Ce qui a causé la chute de l'empereur, c'est que le peuple n'en voulait plus ; les autres : Le peuple voulait le roi ; non, la liberté ; non, la raison ; non, la religion ; non, la constitution anglaise ; non, l'absolutisme ; un dernier ajouta : Non ! rien de tout cela, mais le repos. [Et ils continuèrent ainsi, tantôt raillant, tantôt disputant, pendant nombre d'années, et, sous prétexte de bâtir, démolissant tout pierre à pierre, si bien qu'il ne passait plus rien de vivant dans l'atmosphère de leurs paroles, et que les hommes de la veille devenaient tout à coup des vieillards.]

Trois éléments partageaient donc la vie qui s'offrait alors aux jeunes gens : derrière eux un passé à jamais détruit, s'agitant encore sur ses ruines, avec tous les fossiles des siècles de l'absolutisme ; devant eux l'aurore d'un immense horizon, les premières clartés de l'avenir ; et entre ces deux mondes... quelque chose de semblable à l'Océan qui sépare le vieux continent de la jeune Amérique, je ne sais quoi de vague et de flottant, une mer houleuse et pleine de naufrages, traversée de temps en temps par quelque blanche voile lointaine ou par quelque navire soufflant une lourde vapeur ; le siècle présent, en un mot, qui sépare le passé de l'avenir, qui n'est ni l'un ni l'autre et qui ressemble à tous deux à la fois, et où l'on ne sait, à chaque pas qu'on fait, si l'on marche sur une semence ou sur un débris [1].

Plusieurs éléments dans cette peinture d'époque entrent en résonance avec la situation, l'intrigue et les personnages de *Lorenzaccio*, à commencer par les interrogations sur les vrais désirs du peuple ; dans *Lorenzaccio*, diverses volontés politiques s'affrontent, et chacune est complexe, trouble ou contradictoire : le cardinal Cibo, qui cherche à jouer un rôle d'éminence grise au service du pape, n'a en tête que son intérêt personnel ; sa belle-sœur,

1. Musset, *La Confession d'un enfant du siècle*, Ire partie, chapitre 2.

républicaine, rêve en réalité de l'ancien lien sacré entre un monarque-Père et son peuple-Fils. Les républicains parlent beaucoup, mais, à l'instar de leur chef, Philippe Strozzi, ils laissent systématiquement passer l'occasion d'agir. Lorenzo lui-même, agissant seul et en partie au compte d'une vengeance personnelle, ne se donne pas pleinement les moyens de transformer le tyrannicide en événement. Quant au peuple, il apparaît singulièrement divisé : les républicains sont en réalité les grandes familles florentines rêvant d'un retour à l'oligarchie ancienne, et ne se préoccupant nullement du sort du peuple qui lui propose son soutien (ils peuvent ainsi représenter la grande bourgeoisie d'affaires élitiste de la monarchie de Juillet sur laquelle s'appuie Louis-Philippe). Les marchands, dans les scènes où ils apparaissent (I, 2 et V, 5), ne peuvent que commenter la vie de la cité en spectateurs extérieurs. Les étudiants révoltés, qui réclament des élections après l'assassinat du duc, sont refoulés par la police dans une scène très courte autocensurée par Musset pour l'édition de 1853 (V, 6). L'image finale d'un siècle hésitant entre un passé balayé et un avenir incertain, à construire – mais dans quelle direction, et avec quels moyens ? – est incarnée dans le drame par le personnage clivé de Lorenzo, héros machiavélique qui donne l'exemple de l'action terroriste mais échoue faute de soutien, de manière tout à fait prévisible : c'est le principe même de l'action solitaire, héroïque, idéaliste, copiée sur l'histoire ancienne, sans prise en compte des conditions historiques contemporaines, qui voue l'acte de Lorenzo à l'échec.

## 3 — *L'artiste et l'homme d'action*

### LORENZO ET SON DOUBLE

On trouve souvent chez Musset un héros en deux personnes (Octave et Coelio dans *Les Caprices de Marianne*) ou dédoublé (le spectre de lui-même qui accompagne le poète dans *La Nuit de décembre*). Dans *Lorenzaccio*, le spectre du héros apparaît en songe à sa mère (II, 4) qui a la nostalgie de la jeunesse vertueuse et livresque de son fils devenu débauché. Cette double opposition vertu / vice et passé / présent est certes formulée dans le discours de la mère et de Catherine, mais le discours global de l'œuvre la retourne : Lorenzo le débauché, Lorenzo aux mains sales, est aussi celui qui fait tomber les masques, qui soupçonne la mauvaise foi à l'œuvre dans les discours vertueux de ses concitoyens ; tel est le sens de la scène 4 de l'acte II, où les rodomontades de Bindo et Venturi, qui protestent hautement contre le despotisme des Médicis, sont immédiatement « dégonflées » par Lorenzo, qui s'empresse de les compromettre avec le pouvoir en obtenant pour eux du duc des gratifications encombrantes et flatteuses : un privilège commercial pour l'un, une ambassade à Rome pour l'autre.

Le même renversement axiologique est à l'œuvre dans le couple du petit peintre Tebaldeo avec Lorenzo : idéaliste, aimant sa mère (Florence), Tebaldeo peut, à première lecture, passer pour le double sublime et pur de Lorenzo, un rappel culpabilisant de sa jeunesse et de son innocence perdues. Telle est la lecture qu'en propose Bernard Masson, pour qui « le jeune peintre raphaélique incarne avec éclat la passion exclusive de l'art, l'idéalisme généreux, le mysticisme contemplatif, où Musset n'est pas loin de voir l'unique port où l'on soit à l'abri des remous et des périls de haute mer [1] ».

## LES CONTRADICTIONS DE L'ARTISTE : *LES VŒUX STÉRILES, ANDRÉ DEL SARTO*

Cette interprétation est contestable, car elle ne prend pas en compte l'idéologie sous-jacente à la passion de l'art professée par le jeune peintre : comme le remarque Anne Ubersfeld, Musset reprend la problématique des *Vœux stériles* et d'*André del Sarto*, où « l'intérêt du XVI<sup>e</sup> siècle est de montrer non pas l'heureuse floraison de l'art, mais sa décadence – une décadence liée à l'argent, à la transformation de l'œuvre d'art en marchandise [2] ».

Dans *Les Vœux stériles*, le poète s'interrogeait sur cette transformation de l'art en métier :

Temps heureux, temps aimés ! Mes mains
[alors peut-être,
Mes Lâches mains pour vous auraient pu
[s'occuper.
Mais aujourd'hui pour qui ? dans quel but ?
[sous quel maître ?

1. Bernard Masson, *Le Théâtre intérieur*, Armand Colin, 1974, p. 45.
2. Anne Ubersfeld, « Musset, l'art et l'artiste », *Lorenzaccio*, Cahiers Textuel, n° 8, février 1991, p. 31.

L'artiste est un marchand et l'art est un
                              [métier [1].

Dans *André del Sarto*, la question est
posée dès la première scène par un des
élèves du personnage éponyme :

LIONEL : Que d'écoliers autrefois dans cette
académie ! comme on se disputait pour l'un,
pour l'autre ; quel événement que l'apparition
d'un nouveau tableau ! Sous Michel-Ange, les
écoles étaient de vrais champs de bataille ;
aujourd'hui, elles se remplissent à peine, lentement, de jeunes gens silencieux. On travaille
pour vivre, et les arts deviennent des métiers [2].

La littérature fait partie de ces arts en
danger, comme en témoigne cet extrait
d'une lettre adressée par Musset à la princesse Belgiojoso :

Vous ne savez pas ce que c'est, Princesse, que
l'état matériel de la littérature parisienne. Jamais
peut-être en aucun temps, il n'a été aussi honteux
qu'aujourd'hui. C'est le plus dégoûtant marché
qu'on puisse voir, où chacun apporte sa denrée,
la marchande, en reçoit le prix et s'en va le
manger, sans autre pensée que le métier du gain [3].

• *Cette vision de
l'artiste par lui-même
est développée par
Paul Bénichou dans*
Les Mages
romantiques
*(Gallimard, 1988),
ouvrage consacré à
Lamartine, Vigny et
Hugo.*

## *CHATTERTON* DE VIGNY :
## LE POÈTE SACRIFIÉ

Telle est la question cruciale qui se pose
à l'écrivain et à l'artiste des années 1830 :
l'artiste peut-il véritablement guider la
foule, être pour elle un phare, une étoile
dans la nuit, un « mage• » visionnaire,

1. Musset, « Les Vœux stériles », publiés en 1830 dans la *Revue de
Paris*.
2. Musset, *André del Sarto*, I, 1.
3. Lettre citée par Alain Heyvaert dans *L'Esthétique de Musset*, SEDES,
1996, p. 67.

quand il est par ailleurs soumis aux lois du marché éditorial et au goût du public, qui a remplacé le jugement des doctes comme la protection des mécènes ? Comment ne pas se laisser récupérer par la bourgeoisie qui peut maintenant acheter les œuvres d'art, et chercher à s'attirer les services de l'artiste ? C'est précisément cette compromission que voudrait pouvoir refuser Chatterton dans la scène centrale du drame de Vigny (1835), quand le lord-maire de Londres, en visite chez l'industriel John Bell chez qui loge Chatterton, propose d'engager le jeune poète pour le sortir de l'embarras :

M. BECKFORD : Votre histoire est celle de mille jeunes gens ; vous n'avez rien pu faire que vos maudits vers, et à quoi sont-ils bons, je vous prie ? Je vous parle en père, moi, à quoi sont-ils bons ? – Un bon Anglais doit être utile au pays. – Voyons un peu, quelle idée vous faites-vous de nos devoirs à tous, tant que nous sommes ?

CHATTERTON (*à part*) : Pour elle ! pour elle ! je boirai le calice jusqu'à la lie. – Je crois le comprendre, mylord ; – l'Angleterre est un vaisseau. Notre île en a la forme : la proue tournée au nord, elle est comme à l'ancre au milieu des mers, surveillant le continent. Sans cesse elle tire de ses flancs d'autres vaisseaux faits à son image, et qui vont la représenter sur toutes les côtes du monde. Mais c'est à bord du grand navire qu'est notre ouvrage à tous. Le roi, les lords, les communes sont au pavillon, au gouvernail et à la boussole ; nous autres, nous devons tous avoir les mains aux cordages, monter aux mâts, tendre les voiles et charger les canons : nous sommes tous de l'équipage, et nul n'est inutile dans la manœuvre de notre glorieux navire.

M. BECKFORD : Pas mal ! pas mal ! quoiqu'il fasse encore de la poésie ; mais en admettant

• *Chatterton est amoureux de Kitty, femme de son logeur John Bell.*

votre idée, vous voyez que j'ai encore raison. Que diable peut faire le Poète dans la manœuvre ?

*Un moment d'attente*

CHATTERTON : Il lit dans les astres la route que nous montre du doigt le Seigneur.

LORD TALBOT : Qu'en dites-vous, mylord ? lui donnez-vous tort ? Le pilote n'est pas inutile.

M. BECKFORD : Imagination ! mon cher ! ou folie, c'est la même chose ; vous n'êtes bon à rien, et vous vous êtes rendu tel par ces billevesées. – J'ai des renseignements sur vous... à vous parler franchement... et...

LORD TALBOT : Mylord, c'est un de mes amis, et vous m'obligerez en me traitant bien...

M. BECKFORD : Oh ! vous vous y intéressez, George ? eh bien, vous serez content ; j'ai fait quelque chose pour votre protégé, malgré les recherches de Bale... Chatterton ne sait pas qu'on a découvert ses petites ruses de manuscrit ; mais elles sont bien innocentes, et je les lui pardonne de bon cœur. Le Magisterial est un bien bon écrit ; je vous l'apporte pour vous convertir, avec une lettre où vous trouverez mes propositions : il s'agit de cent livres sterling par an. Ne faites pas le dédaigneux, mon enfant ; que diable ! votre père n'était pas sorti de la côte d'Adam, il n'était pas frère du roi, votre père ; et vous n'êtes bon à rien qu'à ce qu'on vous propose, en vérité. C'est un commencement ; vous ne me quitterez pas, et je vous surveillerai de près.

> *Kitty Bell supplie Chatterton, par un regard, de ne pas refuser. Elle a deviné son hésitation.*

CHATTERTON (*il hésite un moment, puis après avoir regardé Kitty*) : Je consens à tout, mylord.

Dans la scène suivante, Chatterton apprenant dans le journal qu'on l'accuse de plagiat, et découvrant dans la lettre que le

lord-maire lui propose une place de valet
de chambre, s'empoisonne.

## LAMARTINE :
### LE CHOIX DE LA POÉSIE OU DE L'ACTION

Après la révolution de 1830, Lamartine
avait eu maille à partir avec le journal *La
Némésis*, où un poète lui avait reproché de
s'avilir en se compromettant dans l'arène
politique ; voici la fin du poème qu'il ré-
digea en riposte :

[...]
Honte à qui peut chanter pendant que Rome
[brûle,
S'il n'a l'âme et la lyre et les yeux de Néron,
Pendant que l'incendie en fleuve ardent circule
Des temples aux palais, du Cirque au
[Panthéon !
Honte à qui peut chanter pendant que chaque
[femme
Sur le front de ses fils voit la mort ondoyer,
Que chaque citoyen regarde si la flamme
Dévore déjà son foyer !

Honte à qui peut chanter pendant que les
[sicaires
En secouant leur torche aiguisent leurs
[poignards,
Jettent les dieux proscrits aux rires populaires,
Ou trainent aux égouts les bustes de César !
C'est l'heure de combattre avec l'arme qui
[reste ;
C'est l'heure de monter au rostre ensanglanté,
Et de défendre au moins de la voix et du geste
Rome, les dieux, la liberté !

Anne Ubersfeld, pour sa part, soupçonne la pureté de Tebaldeo ; dépassant la seule analyse de l'énoncé, elle interroge les conditions d'énonciation du dialogue : pourquoi, à la scène 2 de l'acte II, Tebaldeo se permet-il d'interrompre la conversation entre ces deux puissants que sont Lorenzo et le nonce apostolique, sinon pour proposer discrètement ses services ? Si l'on cherche à mettre au jour les rapports de force qui sont ici en jeu, on débusque dans cette scène une contradiction entre les protestations d'indépendance de l'artiste et son comportement quémandeur :

On voit alors mieux ce qui fait l'unité de cette scène, et que c'est l'*action*. Cette action est une simple procédure d'achat et de vente, une transaction commerciale. Valori a essayé d'acheter un avantage politique en échange du pardon accordé à Lorenzo ; achat manqué. Après quoi Valori puis Lorenzo tentent d'acheter le petit peintre. Valori commence et certains indices – légers mais qu'une mise en scène pourrait souligner – tendraient à faire penser que l'achat ne porte pas seulement sur la peinture ; c'est peut-être sa beauté aussi qu'on lui achète, et sa jeunesse ; Valori parle de « ses grands yeux » et se met à le tutoyer tout soudain. C'est alors qu'intervient Lorenzo : « Viens chez moi ; je te ferai peindre la Mazzafirra toute nue » ; après tout c'est peut-être un programme plus tentant qu'un séjour dans le palais cardinalice ; la surenchère n'est pas dénuée de comique.

Au reste, il n'y a pas de suspens : quelles que soient ses hésitations, Tebaldeo, dont le specta-

---

1. C'est le titre d'un chapitre de Anne Ubersfeld dans *Le Théâtre et la cité*, AISS-IASPA, 1991.

teur a vu la sollicitation muette, se laisse acheter ; et plus ses protestations d'indépendance seront vives, plus brutal sera le contraste, quand le spectateur découvrira (acte II, scène 6) le jeune Tebaldeo faisant le portrait du duc assassin et louchant d'épouvante au récit des exploits du tueur à gages (« qu'as-tu donc, petit ? est-ce que la main te tremble ? Tu louches terriblement », lui dit le duc). Toute cette scène 2 de l'acte II, avec son prolongement dans la scène 6, est aussi pessimiste, aussi nihiliste que la célèbre scène 3 de l'acte III, entre Lorenzo et Philippe Strozzi : la religion et l'art sont marchandises, objets négociables.

Une particularité : si l'art est lié au commerce, c'est d'une façon étrangement ambiguë dans cette scène. Certes la peinture est peinture *de chevalet* (Tebaldeo tient sa toile sous le bras, comme un peintre du XIXᵉ siècle), mais l'échange n'est pas à proprement parler mercantile : ce n'est pas un objet d'art que l'on achète et que l'on vend, c'est *une force de travail* ; ni Valori, ni Lorenzo ne pensent à acquérir le tableau de Tebaldeo, mais sa production à venir ; bien plus qu'au mécénat aristocratique, ce rapport de *production* fait penser à l'achat bourgeois des artistes par les maisons d'édition et les galeries de tableaux. Musset et George Sand en savaient quelque chose, eux qui l'un et l'autre faisaient partie de l'écurie Buloz. Ici le texte dramatique ne peut pas ne pas renvoyer à son référent historique, et tout le jeu de l'écriture est de recouvrir un référent historique par un autre : le référent contemporain est lu en filigrane [1].

*• Buloz était le directeur de la* Revue des Deux Mondes, *dans laquelle publiait Musset.*

Face à l'artiste idéaliste qui doit finalement se laisser acheter, à son insu ou non, Lorenzo est l'intellectuel qui renonce à l'illusion de la pureté, faisant le choix de la compromission pour se donner l'opportunité de l'action directe.

1. Anne Ubersfeld, « On achète un peintre », *ibid.*, p. 149.

## UNE RÉVOLUTION ESTHÉTIQUE

La révolution théâtrale opérée en France par le drame romantique s'appuie sur l'exemple allemand. Musset s'inspire notamment du *Götz von Berlichingen* de Goethe, ainsi que de *La Conjuration de Fiesque* et des *Brigands* de Schiller pour son drame historique. Contre les règles du théâtre classique, parfois dégradées jusqu'à la caricature par la tragédie française au XVIII$^e$ siècle, le critique allemand August Wilhelm Schlegel faisait l'éloge en 1808, longtemps avant que Hugo, dans la Préface de *Cromwell*, reprenne ses théories à son compte, du nouveau drame romantique européen :

On n'y sépare pas avec rigueur, comme dans l'ancienne tragédie, les divers éléments de la vie ; on y présente, au contraire, le spectacle varié de tout ce qu'elle rassemble. Tandis que le poète a l'air de ne nous offrir qu'une réunion accidentelle, il satisfait les désirs inaperçus de l'imagination, et nous plonge dans une disposition contemplative par le sentiment de cette harmonie merveilleuse qui résulte, pour son imitation comme pour la vie elle-même, d'un mélange, en apparence bizarre, mais auquel s'attache un sens profond. Il prête ainsi, pour ainsi dire, une âme aux différents aspects de la nature.

Les changements de temps et de lieu dans un drame, en supposant qu'on leur ait donné de l'influence sur l'âme des personnages, et qu'on ait fait servir à la perspective théâtrale les nouveaux aperçus qu'ils présentent ; le contraste de la plaisanterie et du sérieux, en supposant qu'on ait pu rattacher l'une à l'autre par de secrets liens ; enfin ce mélange du genre dramatique et du genre lyrique qui permet à l'auteur de montrer à son gré ses héros sous un jour plus ou moins poétique ; tous ces traits qui caractérisent le drame romantique, loin d'être à mon avis des défauts, sont de véritables beautés. À tous ces égards, et même à beaucoup d'autres, les ouvrages anglais et espagnols vraiment romantiques sont parfaitement semblables, quelles que soient d'ailleurs leurs différences [1].

Dans les années 1820, nombreux sont les auteurs et critiques français (Constant, Guizot, Hugo, Stendhal, Vigny) qui appellent à leur tour de leurs vœux une nouvelle esthétique théâtrale. Hugo fait précéder son *Cromwell* d'une préface qui plaide pour l'abandon de la hiérarchie et de la séparation classiques des genres, vers l'accomplissement d'un drame total :

Quoi qu'il advienne, il [l'auteur] croit devoir avertir d'avance le petit nombre de personnes qu'un pareil spectacle tenterait, qu'une pièce extraite de *Cromwell* n'occuperait toujours pas moins de la durée d'une représentation. Il est difficile qu'un théâtre *romantique* s'établisse autrement. Certes, si l'on veut autre chose que ces tragédies dans lesquelles un ou deux personnages, types abstraits d'une idée purement métaphysique, se promènent solennellement sur un fond sans profondeur, à peine occupé par quelques têtes de confidents, pâles contrecalques des héros, chargés de remplir les vides d'une action simple, uniforme et monocorde ; si l'on s'ennuie de cela, ce n'est pas trop d'une

1. August Wilhelm Schlegel, *Cours de littérature dramatique,* t. II, « Treizième leçon », 1808, rééd. Genève, Slatkine reprints, 1971, p. 137.

soirée entière pour dérouler un peu largement tout un homme d'élite, toute une époque de crise• ; l'un avec son caractère, son génie qui s'accouple à son caractère, ses croyances qui les dominent tous deux, ses passions qui viennent déranger ses croyances, son caractère et son génie, ses goûts qui déteignent sur ses passions, ses habitudes qui disciplinent ses goûts, musèlent ses passions, et ce cortège innombrable d'hommes de tout échantillon que ces divers agents font tourbillonner autour de lui ; l'autre, avec ses mœurs, ses lois, ses modes, son esprit, ses lumières, ses superstitions, ses événements, et son peuple que toutes ces causes premières pétrissent tour à tour comme une cire molle. On conçoit qu'un pareil tableau sera gigantesque. Au lieu d'une individualité, comme celle dont le drame abstrait de la vieille école se contente, on en aura vingt, quarante, cinquante, que sais-je ? de tout relief et de toute proportion. Il y aura foule dans le drame. Ne serait-il pas mesquin de lui mesurer deux heures de durée pour donner le reste de la représentation à l'opéra-comique ou à la farce ? d'étriquer Shakespeare pour Bobèche•• ? – Et qu'on ne pense pas, si l'action est bien gouvernée, que de la multitude des figures qu'elle met en jeu puisse résulter fatigue pour le spectateur ou papillotage dans le drame. Shakespeare, abondant en petits détails, est en même temps, et à cause de cela même, imposant par un grand ensemble. C'est le chêne qui jette une ombre immense avec des milliers de feuilles exiguës et découpées.

Espérons qu'on ne tardera pas à s'habituer en France à consacrer toute une soirée à une seule pièce. Il y a en Angleterre et en Allemagne des drames qui durent six heures [1].

Mais Hugo lui-même, dont le *Cromwell* excédait – par sa forme, sa longueur, la surabondance de ses personnages – les li-

*• Hugo fait ici allusion à son personnage de Cromwell.*

*•• On jouait alors plusieurs pièces par soirée, en alternant les genres : après un prologue en vers, une petite pièce en lever de rideau, puis la grande pièce.*

1. Victor Hugo, *Préface de Cromwell*.

mites de la scène contemporaine, devra se résoudre à écrire ses drames suivants selon une esthétique du compromis. Il restreint la présence du peuple sur scène, limite le nombre des personnages importants à quatre ou cinq, maintient l'unité d'action, recompose les unités de lieu et de temps à l'échelle de l'acte : la scène du XIXe siècle, après le grand essor de l'opéra, étant de plus en plus lourdement décorativiste, on ne saurait ni jouer dans un espace vide, ni bien sûr changer de lieu à l'intérieur de chaque acte.

Musset, en revanche, ayant renoncé à écrire pour la scène contemporaine après l'échec de sa première pièce, *La Nuit vénitienne*, en 1830, peut se permettre de mettre au point une dramaturgie bien davantage révolutionnaire dans sa forme. On trouve ainsi dans *Lorenzaccio*, conformément au programme rêvé par Hugo, une multitude de personnages représentant pratiquement toutes les classes sociales, du prince au serviteur en passant par les marchands et les étudiants, tous étant relativement individués, sans la doublure d'un confident falot ; la dimension du drame, que les metteurs en scène d'aujourd'hui coupent encore la plupart du temps, excède largement les deux heures réglementaires.

## DRAME HISTORIQUE
## OU DRAME MODERNE ?

L'enjeu du drame romantique est de donner les moyens au spectateur de comprendre la complexité de la situation contemporaine, dans ses dimensions politiques, historiques et sociales. La question se pose pour les dramaturges de savoir si le théâtre peut représenter directement le présent, ou s'il a besoin de la médiation du passé pour penser le devenir historique.

Dumas écrit d'abord des drames historiques (*Henri III et sa cour, Christine, La Tour de Nesle*) avant de contribuer au drame moderne (*Antony, Richard Darlington, Angèle*), considérant, comme le dit un de ses personnages, que « les passions sont les mêmes au XV$^e$ qu'au XIX$^e$ siècle, et que le cœur bat d'un sang aussi chaud sous un frac de drap que sous un corselet d'acier ».

Hugo fait le raisonnement inverse, en situant ses drames au Moyen Âge (*Les Burgraves*), au XVI$^e$ siècle (*Le Roi s'amuse, Hernani, Marie Tudor, Lucrèce Borgia*) ou au XVII$^e$ siècle (*Marion de Lorme, Ruy Blas*). La censure, qui ne tolère pas les atteintes portées à l'image de la monarchie française dans *Marion de Lorme* et *Le Roi s'amuse,* l'oblige rapidement à déplacer l'action à l'étranger (Angleterre, Italie, Espagne, Allemagne). Pour Hugo, le drame idéal « serait le passé ressuscité au profit du présent ; ce serait l'histoire que nos pères ont faite confrontée avec l'histoire que nous faisons [1] ». C'est pourquoi il refuse absolument une action contemporaine, qui ne permet pas de mettre en perspective les processus historiques, par le truchement des distances, le miroitement des images ; selon la belle formule d'Anne Ubersfeld, le passé est pour lui « le seul lieu où l'on peut montrer le réel sans y consentir [2] ».

Musset, quant à lui, écrit avec *Lorenzaccio* un grand drame historique, son

*Dossier*

---

1. Victor Hugo, Préface de *Marie Tudor*.
2. Anne Ubersfeld, *Le Drame romantique*, Belin, « Lettres Sup », 1993, p. 125-126.

chef-d'œuvre, qui ne sera pas joué de son vivant, mais qui correspond assez bien aux ambitions de Hugo pour le drame romantique : la Florence de 1537, par plusieurs aspects, permet de comprendre, avec la distance que l'histoire permet, la France du début de la Monarchie de Juillet, avec ses interrogations sur la légitimité du pouvoir monarchique, sur la tentation du régicide, sur la responsabilité politique du peuple, sur le rapport de l'artiste au pouvoir. Le reste de sa production dramatique est constitué pour l'essentiel de comédies-drames dont plusieurs trouveront leur place, grâce à leur écriture plutôt classique (petit nombre de personnages, unités, vraisemblance et bienséances respectées) et au prix de quelques réaménagements, sur la scène des dernières années de la monarchie de Juillet et du Second Empire.

## CLASSICISME ET ROMANTISME RÉCONCILIÉS PAR MUSSET

En 1838, subjugué par les débuts à la Comédie-Française de Rachel dans des rôles de tragédienne classique, il tente de dépasser l'opposition esthétique entre classicisme et romantisme, entérinant au passage les changements définitifs que ce dernier a produits dans le goût français. À ceux qui voudraient voir dans le regain de succès du théâtre classique le signe du déclin du romantisme, il répond :

[…] que le genre romantique, celui qui se passe des unités, existe ; qu'il a ses maîtres et ses chefs-d'œuvre tout comme l'autre ; qu'il ouvre une voie immense à ses élèves ; qu'il procure une jouissance extrême à ses admirateurs, et enfin, qu'à l'heure qu'il est, il a pris pied chez nous et n'en sortira plus. Voilà ce qu'il est peut-être hardi, mais nécessaire de dire aux classiques [...]. Je conviendrai tant qu'on voudra qu'on trouve aujourd'hui sur la scène des événements les plus invraisemblables entassés à plaisir les uns sur les autres, un luxe de décoration inouï et inutile, des acteurs qui crient à tue-tête, un bruit d'orchestre infernal, en un mot, des efforts monstrueux, désespérés, pour réveiller notre indifférence, et qui n'y peuvent réussir ; mais qu'importe ? Un méchant mélodrame bâti à l'imitation de Calderón ou de Shakespeare ne prouve rien de plus qu'une sotte tragédie cousue de lieux communs sur le patron de Corneille ou de Racine, et, si on me demandait auquel des deux je me résignerais le plus volontiers, en cas d'arrêt formel qui m'y condamnât, je crois que je choisirais le mélodrame. Qui oserait dire que ces deux noms de Shakespeare et de Calderon, puisque je viens de les citer, ne sont pas aussi glorieux que ceux de Sophocle et d'Euripide ? Ceux-ci ont produit Racine et Corneille, ceux-là Goethe et Schiller. Les uns ont placé, pour ainsi dire, leur muse au centre d'un temple entouré d'un triple cercle ; les autres ont lancé leur génie à tire-d'aile et en toute liberté : enfance de l'art, dit-on, barbarie ; mais avez-vous lu les œuvres de ces barbares ? *Hamlet* vaut *Oreste*, *Macbeth* vaut *Œdipe*, et je ne sais même ce qui vaut *Othello*.

Pourquoi a-t-on opposé ces deux genres l'un à l'autre ? pourquoi l'esprit humain est-il si rétréci qu'il lui faille toujours se montrer exclusif ? pourquoi les admirateurs de Raphaël jettent-ils la pierre à Rubens ? pourquoi ceux de Mozart à Rossini ? Nous sommes ainsi faits ; on ne peut même pas dire que ce soit un mal, puisque ces enthousiasmes intolérants produisent souvent les plus beaux résultats ; mais il ne faudrait pourtant pas que ce fût une éternelle guerre [1].

*Dossier*

---

1. Alfred de Musset, « De la tragédie, à propos des débuts de Mademoiselle Rachel », article paru dans la *Revue des Deux Mondes,* le 1er novembre 1838.

## SARAH BERNHARDT
### ET LES PREMIÈRES INTERPRÈTES FÉMININES DE LORENZO

Après la mort d'Alfred, Paul de Musset tenta plusieurs fois de faire adapter le drame de son frère, jugé alors démesuré, sur la scène parisienne ; c'est finalement Sarah Bernhardt qui crée le rôle en 1896, inaugurant une tradition tenace, celle de faire jouer Lorenzo par une femme. L'adaptation d'Armand d'Artois dénature le texte, tant dans sa forme dramaturgique que dans ses enjeux : dans des décors spectaculaires, il rétablit une unité de lieu par acte, au prix d'un charcutage systématique du texte et de nombreux déplacements ou suppressions de scènes. Pour gommer l'anticléricalisme, l'intrigue Cibo est édulcorée au nom de la morale et de la décence ; la tirade initiale sur la courtisanerie est supprimée et le cinquième acte, aux riches implications politiques, disparaît. La fable se recentre sur le seul Lorenzo, magnifiquement interprété, dont le désespoir romantique est retravaillé dans le sens de la décadence fin de siècle.

La pièce entre au répertoire de la Comédie-Française en 1927, dans une adaptation d'Émile Fabre plus respectueuse du texte, en quatre heures, avec un décor assez simple (scènes d'extérieur jouées devant le rideau, scènes d'intérieur devant des toiles peintes) ; le rôle-titre est encore interprété par une femme, Marie-Thérèse Piérat, mais pour la première fois les autres rôles ne sont pas sacrifiés.

La même année, au théâtre de la Madeleine, le metteur en scène Armand Bour confie le rôle de Lorenzo à Renée Falconetti (interprète de la Jeanne d'Arc du film de Carl Dreyer et Joseph Delteil) :

> Elle a sous les cheveux noirs coupés court, un petit visage vert-de-grisé par l'insomnie ; pommettes saillantes, joues creuses, lèvres blanches, menton aigu, elle porte à ravir le maillot noir, la petite toque, et le long manteau qui traîne. Elle est épuisée et acharnée. Les yeux brûlent, dans leurs cernures brunes. Elle se ramasse sur son fauteuil ; et on la sent prête à bondir. Elle fait de Lorenzo une petite pourriture héroïque [1].

La pièce est raccourcie, mais la structure en cinq actes et près de trente tableaux suit l'ordre du texte initial. La scénographie s'inscrit dans la lignée des principes de Copeau, sans aucun décorativisme mais plutôt selon un schématisme suggestif, fonds sobres, velours sombres, éléments en briques dorées, quelques meubles ou tapisseries, éclairages centrés sur les personnages pour intensifier le jeu.

C'est en 1933, sur la scène du grand théâtre de Bordeaux, que le rôle de Lorenzo sera interprété pour la première fois par un homme, Jean Marchat. Mais en 1945, dans la mise en scène de Gaston Baty au théâtre Montparnasse, c'est encore une femme, Marguerite Jamois, qui interprète le rôle, en mettant en valeur sa

*Dossier*

---

1. Robert Kemp, cité par Bernard Masson, *Le Théâtre intérieur*, p. 274.

féminité (cheveux longs, silhouette gracile). Baty, qui s'inscrit lui aussi dans l'héritage de Copeau, adopte une scénographie très simple, où un grand escalier à tout faire et quelques objets (peaux de bêtes, tentures) croisent la métaphore et la métonymie dans une rhétorique simple et efficace. Cet espace relativement nu pourrait servir une mise en scène de l'histoire : à la Libération, la pièce, qui parle notamment de l'occupation de la ville par les soldats allemands de Charles Quint, aurait pu entrer en résonance avec une vibrante actualité ; mais Baty refuse justement une transposition trop facile. Son adaptation coupe très lourdement dans les passages les plus politiques ; disparaissent ainsi de la scène Côme de Médicis, Thomas Strozzi, Corsini, les trois seigneurs républicains, Maffio, les dames de la Cour et l'officier allemand, l'orfèvre et le marchand de soieries, les précepteurs et leurs élèves, les bannis, les écoliers, les moines, les courtisans et Louise Strozzi. Dépolitisée, la pièce est encore une fois centrée sur un Lorenzo en crise ; c'est moins le justicier ironique et héroïque, que « l'homme découragé et vide [1] » que donne à voir Marguerite Jamois, qui oriente la pièce vers le drame existentiel de son personnage, comme en témoigne Gabriel Marcel :

Vidé de son acte, Lorenzo se trouve vidé de lui-même, il n'existe plus puisqu'il n'a plus envie d'exister. C'est l'ennui, le *taedium vitae* qu'éprouvent et qu'exaltent aujourd'hui les *absurdistes*. De Lorenzo aux personnages de M. Sartre et de M. Camus le passage est immédiat. Mais il faut ajouter que *Huis clos*, *Cali-*

---

1. Pierre-Aimé Touchard, cité par Bernard Masson, *ibid.*, p. 327.

*gula*, ou même l'*Antigone* de Jean Anouilh paraissent décharnés à côté de cette œuvre ruisselante de sève, somptueusement parée, et qui cependant porte au fond de soi la mort comme un enfant condamné [1].

## GÉRARD PHILIPE AU TNP

La dimension historique du drame est enfin mise au jour en 1952 dans la mise en scène de Gérard Philipe, aidé par Jean Vilar ; ce dernier a une prédilection pour le théâtre romantique (Kleist, Hugo, Musset, Büchner) qui, au lendemain de la Seconde Guerre mondiale, aide à penser l'inscription de l'individu dans l'histoire. Vilar coupe un peu dans le texte, mais avec délicatesse, sans déséquilibrer l'action, en maintenant 39 rôles, ce qui est tout à fait nouveau. Le plateau nu du palais des Papes pour la création au festival d'Avignon permet de trouver un équivalent des lieux multiples de la scène élisabéthaine ; des praticables et des estrades à hauteurs diverses permettent de représenter simultanément les divers lieux de l'action.

Dans *Lorenzaccio*, l'on voit pour la première fois l'efficacité, pour le drame romantique, de l'espace mis au point par son équipe : ainsi les scènes proprement dramatiques sont-elles vues sur le praticable surélevé côté jardin, l'irrégularité de la figuration spatiale étant comme l'image et la projection de la structure symétrique de la pièce. La beauté du drame est montrée scéniquement par la conjonction de la magie des costumes, illuminés par un rouge flamme qui vibre sur tout l'espace, de la musique de Maurice Jarre, de l'aura de Gérard Philipe. Le secret personnel de l'interprétation

*Dossier*

1. Gabriel Marcel, *Nouvelles littéraires*, 18 octobre 1945.

de Philipe faisait merveille pour le personnage de Lorenzo : une diction perpétuellement fausse, décalée, faisait éprouver physiquement le cynisme masqué du héros, tandis que l'attitude et la gestuelle (les jambes molles, par exemple) apportaient une vérité nue, fugace, touchante. On pouvait reprocher à Vilar de privilégier excessivement le personnage central, de profiter de la fascination de « monstre sacré » exercée par le comédien, au détriment de la richesse de l'œuvre, de ces groupes de citoyens révoltés sourdement contre le tyran. Mais peut-être Vilar avait-il raison de montrer le seul héros agissant, au milieu de tous ceux qui ne savent que parler.

Il y a plus : c'est toute l'esthétique du drame romantique qui s'organise autour d'un *héros*, signant la naissance de l'individu moderne, et ce n'est pas pour le seul drame romantique que l'esthétique de Vilar privilégie le *héros*, satisfaisant à la fois le mouvement des « idées », cette « idéologie » de l'individu propre au XIXᵉ siècle, mais dont le nôtre n'est pas guéri, et le plaisir du spectateur qui se réjouit de la vedette [1].

Si la dimension historique est davantage mise en lumière, le vedettariat oriente malgré tout encore l'histoire vers le drame individuel d'une conscience en crise, celle d'un adolescent révolté contre le monde adulte.

C'est un Lorenzo existentiel, proche parent des « bâtards sartriens » [...]. Rien de plus légitime, du reste, en 1952. Mais nous n'en sommes plus maintenant à la problématique des « mains sales », au choix entre la pureté des fins et l'impureté des moyens. Brecht et Genet, au moins, sont passés par là [2].

---

1. Anne Ubersfeld, « Vilar et le théâtre de l'histoire », *Romantisme, Sur les scènes du XXᵉ siècle*, n° 102, 1998.
2. Bernard Dort, « Le "détour" du théâtre : *Lorenzaccio* à Prague », *Théâtre réel*, 1971, p. 93-94.

En 1952, c'est la proximité de Lorenzo avec les personnages lucides de la philosophie existentialiste que les spectateurs contemporains sont en mesure de percevoir.

## OTOMAR KREJCA ET LE ZA BRANOU

Cette tradition est balayée par une mise en scène qui fait date dans l'histoire de la pièce, celle d'Otomar Krejca pour le théâtre Za Branou de Prague en 1969, reprise en France l'année suivante ; l'orientation n'est ni existentielle, ni historique : aucune référence directe ni à la Florence du XVIe siècle, ni aux événements politiques contemporains à Prague en 1969, ni à la France de 1830.

C'est sur un plateau presque nu que se joue ce *Lorenzaccio*. Seul, un ensemble de paravents composés de miroirs qui tantôt refléteront ce qui se passe devant eux, tantôt laisseront deviner, par transparence, ce qui se passe derrière, permettra à Krejca de multiplier les différents plans de son espace scénique utilisé dans toute sa largeur et toute sa profondeur [...] ; des cubes sombres maniés par les acteurs serviront de sièges ou de piédestals, et plus encore de points d'appui pour le jeu [1].

L'accent est mis sur la théâtralité du pouvoir et sur l'implication entre les sphères publique et privée : tous les personnages restent en permanence présents sur scène, la séparation intérieur / extérieur est gommée, tous les personnages sont étroitement interdépendants :

*Dossier*

---

1. Bernard Dort, *ibid.*, p. 95.

L'œuvre s'inscrit tout entière dans la dynamique de cet espace qui se fait et se défait sous nos yeux. [...] Krejca ne se contente pas d'une telle vision chorégraphique. Il n'a garde d'oublier la dimension doublement théâtrale de *Lorenzaccio*. Chez Musset, en effet, le *jeu* est essentiel. Non seulement Lorenzo ne cesse de jouer un rôle [...] mais encore c'est la société florentine tout entière qui est devenue théâtre. Dès la 2e scène, des courtisans et le duc lui-même nous apparaissent déguisés en religieuses.

Prenant au pied de la lettre les allusions au carnaval faites au cours de cette 2e scène, Krejca situe presque tout *Lorenzaccio* pendant ce carnaval. Au début, nous assistons à une débauche de masques [...] : les uns portent de monstrueuses têtes d'animaux ou d'oiseaux, les autres leurs propres visages mais démesurément grossis et transformés en figures d'épouvantail. Petit à petit, cependant, les masques tombent : les visages nus s'affrontent. La mort frappe vraiment. Ce n'est qu'une fois le duc Alexandre assassiné et l'ordre des Médicis rétabli que trois serviteurs traversent de nouveau la scène, des masques au poing : *Lorenzaccio* se terminera au milieu d'un autre carnaval [1].

En dédoublant le personnage à travers Scoronconcolo qui le suit comme une ombre, et Tebaldeo, très présent lui aussi (il porte même son manteau une fois Lorenzo mort), Krejca fait de ce drame non pas celui d'un individu, mais « de toute une jeunesse impuissante à agir, qui ne trouve d'autre issue que dans la folie, le crime, l'art ou une vaine révolte, au milieu d'une société qui entend maintenir à tout

1. *Ibid.*, p.97-98. Sur le motif du carnaval dans *Lorenzaccio*, voir l'article de Walter Moser, « Lorenzaccio : le Carnaval et le Cardinal », *Romantisme*, n° 19, 1978.

prix son ordre sous l'apparent désordre des masques [1] ».

## FASCINATION-RÉPULSION :
## ALEXANDRE-LORENZO, COUPLE FATAL

Plusieurs mises en scène plus récentes ont mis l'accent sur la relation trouble entre le duc et Lorenzo ; c'était le cas de celle de Zeffirelli, à la Comédie-Française en 1976, avec Jean-Luc Boutté dans le rôle du duc et successivement Claude Rich, puis Francis Huster dans celui de Lorenzo. Costumes et décors Renaissance donnaient une tonalité pittoresque à l'ensemble. La diffusion télévisuelle de ce spectacle l'année suivante donna à la pièce une large audience.

Daniel Mesguich en 1986, au théâtre Gérard-Philipe de Saint-Denis, et Georges Lavaudant en 1989, à la Comédie-Française, choisissent tour à tour le même interprète, le troublant Redjep Mitrovitsa, pour incarner Lorenzo. Sa silhouette féline et nerveuse, son regard tout à la fois profond et absent, sa voix chantante et nasale lui donnent la stature d'un ange de mort chez Mesguich, d'une irrésistible petite frappe chez Lavaudant.

Selon Daniel Mesguich,

Le meurtre n'a plus de goût pour le meurtrier lui-même, il est émoussé, épuisé, presque vide. Ni politique vraiment (Lorenzo n'est pas Brutus), ni vengeur (« Que m'avait fait cet homme ? »), il n'a plus de sens. Mais il n'est pas gratuit, absurde, de cette absurdité qui n'est que l'envers du sens (Lorenzo n'est pas Raskolnikov). Non, il est in-sensé, c'est-à-dire qu'il se

1. *Ibid.*, p. 100.

situe au-delà du sens, au-delà de la loi, et donc de sa transgression : pur. Il ne renvoie à rien, il ne « veut » rien dire.

Plus se rapproche pour Lorenzo le moment de planter son épée dans le corps d'Alexandre, plus cette action, se vidant pour ainsi dire de tous les mots qui la nouaient, à travers des monologues, solitaires ou dialogués tous plus beaux les uns que les autres, va, dans une immense hémorragie de sens, perdre son tranchant, son acuité, sa présence, sa "brûlance". Dans *Lorenzaccio*, il ne s'agit pas d'une « action d'acte », si l'on ose dire, mais d'une « lecture d'acte », de l'analyse et du pourrissement d'un acte. Il s'agit d'une décomposition.

Le meurtre dissout presque définitivement le sujet Lorenzo, il en est presque mort, mort-vivant, présent-absent, spectre de lui-même. Le purgatoire avant la vraie mort. *Lorenzaccio* est l'histoire d'un coma.

Il n'y avait pas de place pour un meurtre « véritable », ce meurtre, littéralement, n'a pas lieu, cet acte a la saveur d'un geste, dirait le Kean de Sartre. Cet acte historique n'était qu'un acte de théâtre [1].

Le même désancrage de l'action de Lorenzo sur la réalité historique est à l'œuvre dans la mise en scène de Lavaudant, qui regarde plutôt la pièce sous l'angle du fait divers pasolinien, parce que, dit-il, en 1989, le terrorisme n'est plus d'actualité, comme il pouvait l'être dans les années soixante-dix. Il ambitionne de réaliser « quelque chose à la fois de janséniste et de pervers, comme une suite de gros plans sur les personnages, qui n'auraient à se mouvoir que dans un espace quasi abstrait [2] ».

---

1. Daniel Mesguich, préface à l'édition de *Lorenzaccio*, LGF, Livre de Poche, p. 11.
2. Georges Lavaudant, entretien avec Terje Sinding, *Comédie-Française*, n° 179, octobre 1989.

La mise en scène privilégie donc l'érotisation du couple Alexandre-Lorenzo ; ce dernier, interprété par Redjep Mitrovitsa, maintient superbement les tensions de son rôle, conformément à l'analyse du personnage qu'en propose Daniel Loayza, dramaturge de Georges Lavaudant :

[...] le style temporel de Lorenzo associe assez étroitement prospective machiavélique et passéisme idéaliste pour opérer une véritable confusion des temps (comme un futur antérieur : tout est joué – tout reste à faire), et le style de ses actes ne permet plus de distinguer la part qu'y prennent l'improvisation et la préméditation (comment savoir, par exemple, si l'interrogatoire auquel il soumet Tebaldeo répond à un dessein ou à l'inspiration du moment ?) D'où les difficultés liées à la « sincérité » de Lorenzaccio – on n'est jamais sûr qu'il ne joue pas la comédie, on ne sait jamais exactement pour qui [1].

Guy Rosa analyse cette mise en scène en ces termes :

Sa thèse est qu'il y a des impasses historiques, des moments où l'on ne peut plus ni vivre dans l'inacceptable, ni le combattre ; l'humanité même en chaque individu est alors corrompue ou détruite. Lorenzaccio est donc lucide et voit juste : son acte lui est nécessaire mais ne l'est qu'à lui ; il ne servira à rien ; l'histoire lui manque. De là sa souffrance, que Lavaudant ne voulait pas faire entendre seulement, mais faire partager au spectateur. Car elle comporte une vérité actuelle, le drame du héros – le conflit qu'il vit et incarne entre les valeurs et les circonstances – étant le nôtre ou pouvant l'être.

1. Daniel Loayza, « Quelques notes sur *Lorenzaccio* », *ibid.*, p. 8.

Ainsi se comprennent les choix essentiels de la mise en scène. À commencer par la diction fausse et plate de tous les personnages. Qu'ils croient ou non à ce qu'ils disent, ils parlent une langue de bois. À l'exception de Lorenzaccio, le seul dont l'acteur qui porte le rôle joue « naturel », parce qu'il est le seul à penser ce qu'il dit. Non que les autres mentent, mais ce ne sont pas vraiment eux qui parlent. Lui, il est sujet de sa parole parce qu'il l'est aussi d'une action ; c'est un terroriste.

Richard Fontana aussi joue de façon « naturelle », mais pour une raison exactement inverse. Le duc a délibérément choisi d'ignorer le conflit des valeurs avec les circonstances, de s'y soustraire. De là cette sorte de fureur et d'absence dans le plaisir et dans la violence. Alexandre est pure pulsion, énergie sans objet et comme dopée aux amphétamines. S'il était du peuple, il casserait des stades.

Les autres ne sont rien. La tante et la mère de Lorenzo ne comprennent pas, balbutient et s'effacent ; en Pierre Strozzi la graine de fasciste n'a pas encore germé ; la marquise Cibo n'a pas même la force d'être hystérique ; le cardinal feint de convertir en transcendance et en projet le non-sens d'une histoire dont il se donne l'air de pénétrer les arcanes ; Philippe Strozzi, qui s'est fait la tête de Garibaldi, hésite entre les rôles que sa culture lui offre : Cicéron, Lear, ou le Hugo de l'exil. Dans cette impuissance générale, même l'art n'est plus un recours : Lorenzaccio y a renoncé, le petit peintre le compromet, les statues d'un Michel-Ange déchu sont renversées ou brisées. [...]

L'espace achève d'expliciter la thèse. Barrée par un mur vaste – mais pas d'une élévation telle qu'il puisse donner le sentiment de la grandeur –, la scène perd sa profondeur et se réduit à une mince bande qu'on a pris soin de désorienter. Voici, à la lettre et en infraction d'autant plus signifiante aux habitudes scénographiques, un espace sans perspective(s). Des bruits lointains de pas, de portes et de serrures ajoutent quelque chose de carcéral.

Tout cela est cohérent et convient au texte, mais partiellement, et sa totalité se venge, pour ainsi dire, du choix qu'on y a fait. Car ce qui est démontré par Lavaudant et aboutit à une fresque demeure chez Musset une question. [...] Le drame devient poème. Vidé de sa valeur d'interrogation, le meurtre du duc reste sans enjeu et l'on y assiste dans l'indifférence, parce qu'on en connaît déjà les conséquences – ou plutôt l'inconséquence. Les incertitudes mêmes de Lorenzaccio semblent vaines, tranchées qu'elles sont d'avance par toute la mise en scène. [...]

La splendeur de Florence doit jurer avec son abjection. Surtout, on est, au temps de Musset, assez près de la Révolution, de David par exemple, pour que la référence romaine garde des résonances républicaines fortes et vivantes, dont Philippe Strozzi doit bénéficier. Latiniste et intellectuel, il n'est lié que par là à Lorenzo. En faire une ganache esthète dégrade d'autant le héros. [...]

Le peuple aussi est désarmé, de la manière la plus radicale : par la simple suppression de toutes les scènes où il figure. L'éventualité d'une révolte populaire dont le meurtre d'Alexandre donnerait le signal se trouve de la sorte exclue, mais du coup l'oppression subie s'affaiblit aussi ou devient abstraite [1].

Les mises en scène du XXᵉ siècle, on le voit, ont tour à tour, et parfois en même temps, mis au jour des significations multiples, voire contradictoires, de la pièce de Musset. Fresque historique, drame existentiel, parabole métaphysique, fable épique ? *Lorenzaccio*, comme tout chef-d'œuvre, porte en lui-même le dépassement de tout genre constitué auquel on voudrait le circonscrire.

1. Guy Rosa, « Sur une représentation de *Lorenzaccio* de part et d'autre du mur », *Lorenzaccio*, Cahiers Textuel, nº 8, février 1991.

# BIBLIOGRAPHIE

## ÉDITIONS

Alfred de Musset, *Œuvres*, Seuil, « L'Intégrale », édition de Philippe Van Tieghem, 1963.

Alfred de Musset, *Théâtre complet*, Gallimard, « Bibliothèque de la Pléiade », édition de Simon Jeune, 1990.

## BIOGRAPHIE

Frank Lestringant, *Musset*, Flammarion, 1999.

## SUR LE ROMANTISME

Paul Bénichou, *Les Mages romantiques*, Gallimard, 1988.

Paul Bénichou, *L'École du désenchantement*, Gallimard, 1992.

Maurice Descotes, *Le Drame romantique et ses grands créateurs (1827-1839)*, PUF, 1955.

Philippe Forget (sous la dir.), *Nouvelle Histoire de la littérature allemande*, tome 2, (*Sturm und Drang, Premier Romantisme, Classicisme*), Armand Colin, 1998.

Franck Laurent et Michel Vienes, *Le Drame romantique*, Hatier, « Profil », 1996.

Anne Martin-Fugier, *Les Romantiques 1820-1848*, Hachette, « La vie quotidienne », 1998.

Claude Millet, *L'Esthétique romantique. Une anthologie*, Pocket, 1994.

Paule Petitier, *Littérature et idées politiques au XIXe siècle*, Nathan Université, « Lettres 128 », 1996.

Catherine Treilhou-Balaudé, « Shakespeare et l'esthétique romantique du drame. Idéaux et apories », *Le Drame romantique. Rencontres nationales de Dramaturgies du Havre*, actes du colloque, Éditions des Quatre-Vents, 1999.

Anne Ubersfeld, *Le Drame romantique*, Belin, « Lettres Sup », 1993.

Georges Zaragoza (sous la dir.), *Dramaturgies romantiques*, Éditions Universitaires de Dijon, 1999.

## Sur Musset et son œuvre

Maurice Allem, *Alfred de Musset*, Arthaud, 1948.

Claude Duchet, « Musset et la politique », *Revue de Sciences Humaines*, 1962.

Henri Lefebvre, *Alfred de Musset dramaturge*, L'Arche, 1955.

Alain Heyvaert, « La Statue et le danseur : la "belle âme" et la création littéraire chez Musset », *Romantisme*, n° 81, 1993.

Alain Heyvaert, *La Transparence de l'indicible dans l'œuvre d'Alfred de Musset*, Klincksieck, 1994.

Alain Heyvaert, *L'Esthétique de Musset*, SEDES, 1996.

Cecil Malthus, *Musset et Shakespeare*, New York, Peter Lang, 1988.

Bruno Szwajcer, *La Nostalgie dans l'œuvre d'Alfred de Musset*, Nizet, 1995.

Philippe Van Tieghem, *Musset, l'homme et l'œuvre*, Hatier, 1969.

## Sur Lorenzaccio

Jeanne Bem, « *Lorenzaccio* entre l'histoire et le fantasme », *Poétique*, n° 44, 1980.

Françoise Court-Pérez, « Le langage dans *Lorenzaccio* », *Musset. Lorenzaccio, On ne badine pas avec l'amour*, SEDES, 1990.

Bernard Dort, « Le "détour" du théâtre : *Lorenzaccio* à Prague », *Théâtre réel*, Seuil, 1971.

Claude Duchet, « Une dramaturgie de la parole », *Lorenzaccio*, Cahiers Textuel, 1er trimestre 1991.

Hassan El Nouty, « L'Esthétique de *Lorenzaccio* », *Revue des Sciences humaines*, 1962.

Yves Gohin, « Le vin de la métaphore », *Lorenzaccio*, Cahiers Textuel, 1er trimestre 1991.

Pierre Laforgue, « Œdipe à Florence », *Lorenzaccio*, Cahiers Textuel, 1er trimestre 1991.

Bernard Masson, Lorenzaccio *ou la difficulté d'être*, Minard, « Archives des Lettres modernes », 1968.

Bernard Masson, *Le Théâtre intérieur*, Armand Colin, 1974.

Bernard Masson, « *Lorenzaccio* manuscrit », *Lorenzaccio*, Cahiers Textuel, 1er trimestre 1991.

Walter Moser, « *Lorenzaccio* : le Carnaval et le Cardinal », Romantisme, n° 19, 1978.

Benoît Neiss, « Labyrinthe réel et labyrinthe imaginaire. Réflexions sur le décor dans le théâtre de Musset », *Travaux de linguistique et de littérature*, XXV, n° 2, Strasbourg, 1987.

Jean-Marie Piemme, « *Lorenzaccio* : impasse d'une idéologie », Romantisme, n° 1-2, 1971.

Guy Rosa, « Sur une représentation de *Lorenzaccio* de part et d'autre du mur », *Lorenzaccio*, Cahiers Textuel, 1er trimestre 1991.

Catherine Treilhou-Balaudé, « Dramaturgies de l'injouable : Musset et Büchner », *Dramaturgies romantiques*, sous la direction de Georges Zaragoza, Éditions Universitaires de Dijon, 1999.

Anne Ubersfeld, « Révolution et topique de la cité : *Lorenzaccio* », *Littérature*, n° 24, décembre 1976

Anne Ubersfeld, « Musset, l'art et l'artiste », *Lorenzaccio*, Cahiers Textuel, 1er trimestre 1991.

Anne Ubersfeld, « On achète un peintre », *Le Théâtre et la cité*, AISS-IASPA, 1991.

Anne Ubersfeld, « Vilar et le théâtre de l'histoire », *Romantisme, sur les scènes du XXᵉ siècle*, n° 102, 1998.

**ARISTOTE**
Petits Traités d'histoire naturelle (979)
Physique (887)

**AVERROÈS**
L'Intelligence et la pensée (974)
L'Islam et la raison (1132)

**BERKELEY**
Trois Dialogues entre Hylas et Philonous (990)

**BOÈCE**
Traités théologiques (876)

**CHÉNIER (Marie-Joseph)**
Théâtre (1128)

**COMMYNES**
Mémoires sur Charles VIII et l'Italie, livres VII et VIII (bilingue) (1093)

**DÉMOSTHÈNE**
Les Philippiques, suivi de ESCHINE, Contre Ctésiphon (1061)

**DESCARTES**
Discours de la méthode (1091)

**ESCHYLE**
L'Orestie (1125)

**EURIPIDE**
Théâtre complet I. Andromaque, Hécube, Les Troyennes, Le Cyclope (856)

**GALIEN**
Traités philosophiques et logiques (876)

**GOLDONI**
Le Café. Les Amoureux (bilingue) (1109)

**HEGEL**
Principes de la philosophie du droit (664)

**HÉRACLITE**
Fragments (1097)

**HERDER**
Histoire et cultures (1056)

**HIPPOCRATE**
L'Art de la médecine (838)

**HUME**
Essais esthétiques (1096)

**IDRÎSÎ**
La Première Géographie de l'Occident (1069)

**JAMES**
Daisy Miller (bilingue) (1146)
L'Espèce particulière et autres nouvelles (996)
Le Tollé (1150)

**KANT**
Critique de la faculté de juger (1088)
Critique de la raison pure (1142)

**LEIBNIZ**
Discours de métaphysique (1028)

**LEOPOLD**
Almanach d'un comté des sables (1060)

**LONG & SEDLEY**
Les Philosophes hellénistiques (641-643, 3 vol. sous coffret 1147)

**LORRIS**
Le Roman de la Rose (bilingue) (1003)

**MONTAIGNE**
Apologie de Raymond Sebond (1054)

**MUSSET**
Poésies nouvelles (1067)

**NIETZSCHE**
Par-delà bien et mal (1057)

**PLATON**
Alcibiade (988)
Apologie de Socrate. Criton (848)
Le Banquet (987)
La République (653)

**PLINE LE JEUNE**
Lettres, livres I à X (1129)

**PLOTIN**
Traités (1155)

**POUCHKINE**
Boris Godounov. Théâtre complet (1055)

**PROUST**
Écrits sur l'art (1053)

**RIVAS**
Don Alvaro ou la Force du destin (bilingue) (1130)

**RODENBACH**
Bruges-la-Morte (1011)

**ROUSSEAU**
Dialogues. Le Lévite d'Éphraïm (1021)
Du contrat social (1058)

**SAND**
Histoire de ma vie (1139-1140)

**MME DE STAËL**
Delphine (1099-1100)

**TITE-LIVE**
Histoire romaine. Les Progrès de l'hégémonie romaine (1005-1035)

**TRAKL**
Poèmes I et II (bilingue) (1104-1105)

**THOMAS D'AQUIN**
Somme contre les Gentils (1045-1048, 4 vol. sous coffret 1049)

**MIGUEL TORGA**
La Création du monde (1042)

**WILDE**
Le Portrait de Mr. W.H. (1007)

**WITTGENSTEIN**
Remarques mêlées (815)